Instruction Morale et Civique

RÉSUMÉS ET LECTURES

PAR

E. DELCROIX

Quatrième mille

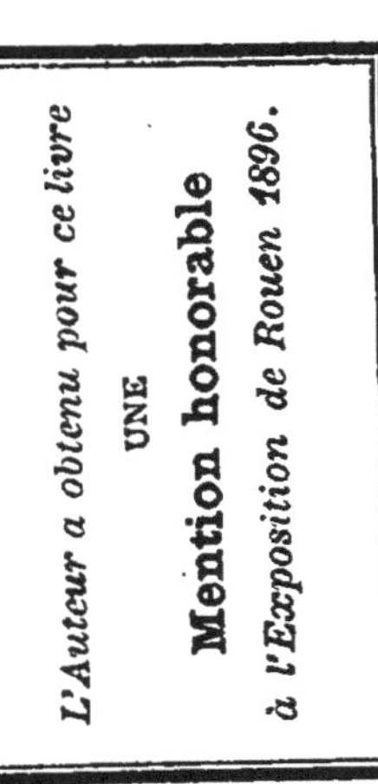

LYON

IMPRIMERIE, LIBRAIRIE ET PAPETERIE DES ÉCOLES DE FRANCE

3, rue Octavio-Mey, et rue de l'Angile, 1 et 4

1896

PRÉFACE

Faut-il, pour présenter ce livre, écrire une longue dissertation sur la base de la morale ? Je ne vois pas quel pourrait en être le profit. Inculquer à l'enfant l'amour du bien, du vrai et du juste ; l'amener à vivre dans la pratique d'un pur égoaltruisme, tel doit être, à mon sens, l'objectif de l'enseignement moral à l'école primaire.

Qu'est-ce que l'enfant ? Un être faible, en butte à toutes les influences pernicieuses de la rue, un être qu'il faut préparer à la vie pour qu'il y fasse son chemin sans trop de peine, pour, tout au moins, qu'il soit ferme devant l'adversité, modeste dans le bonheur qui peut lui échoir, juste toujours en tout et envers tous.

Diriger son jugement, l'amener à raisonner juste et sans parti pris, à n'avoir en toutes choses pour guide que sa conscience, à faire de la justice sa règle de conduite, tels sont les principes essentiels d'une bonne éducation.

L'auteur de cet ouvrage a ainsi pensé. Aux règles précises et brèves de la morale, il a joint des exemples, des récits puisés dans l'histoire, dans la vie réelle, et il a réussi à produire une œuvre saine où se reflète partout un ardent désir de toucher le cœur de l'enfant et d'y imprimer fortement des préceptes qui influeront sur tous les actes de sa vie. Une maxime simple, un proverbe clair, annonce chaque leçon et en est comme le prélude. Rien n'est laissé à l'imprévu ; tout est préparé, mesuré, dosé à la puissance intellectuelle du jeune écolier.

Je ne dirai rien du plan qui a guidé l'auteur ; sans s'être fait l'esclave du programme, il l'a suivi et l'a développé selon une méthode rigoureuse et une sûreté de vue qui est tout à son éloge.

La seconde partie du livre, l'Instruction civique, a été l'objet des mêmes soins que la Morale. C'est un véritable guide du citoyen présenté sous une forme à la fois simple et vivante. Tout y est expliqué et défini avec une justesse remarquable.

Ce livre pourrait presque se suffire à lui-même. Sa simplicité, sa clarté, sa disposition le feront aimer de l'enfant, et le maître aura, conséquemment, un auxiliaire puissant de son enseignement personnel.

L'œuvre de M. Delcroix accuse un maître expérimenté ; c'est une œuvre vécue ; c'est aussi, et particulièrement, une bonne action.

J.-B. HOPE.

...ruction Morale et Civique

RÉSUMÉS ET LECTURES

PAR

E. DELCROIX

INSCRIT SUR DE NOMBREUSES LISTES DÉPARTEMENTALES

Lire attentivement la Préface et l'Avertissement

LYON

IMPRIMERIE, LIBRAIRIE ET PAPETERIE DES ÉCOLES DE FRANCE

7, rue Octavio-Mey, et rue de l'Angile, 1 et 4

1896

AVERTISSEMENT

Cet ouvrage est destiné aux élèves de toutes les écoles primaires ; mais il sera particulièrement utile aux enfants des écoles rurales. On s'est plaint, on se plaindra longtemps encore, des médiocres progrès faits dans la voie de la science par les petits campagnards. À toutes les causes auxquelles on impute ce fâcheux résultat, il faut en joindre une autre, les livres. Sortis, en général, de la plume d'éminents professeurs, ils sont d'abord trop volumineux, trop savants, trop au-dessus de l'intelligence des enfants auxquels ils s'adressent ; en second lieu, quand les élèves changent de division ou de classe, ils changent également de livres et, souvent, ceux-ci, écrits par de nouveaux auteurs, diffèrent totalement des premiers, quant au langage, à l'esprit, à la méthode. Ce sont là de très graves inconvénients auxquels ce petit livre a pour but de remédier. Pour les classes à divisions multiples, il présente, d'un même coup, la même leçon à deux catégories d'élèves d'inégale force. Chaque leçon comporte deux rédactions : l'une, (page de gauche) très succincte, s'adresse au cours élémentaire ; l'autre, (page de droite) plus complète, au cours moyen. Elles ont ceci de particulier : elles sont faites dans les mêmes termes, les mêmes formules.

L'excellence de cette méthode saute aux yeux.

Je ferai remarquer en outre que je trace, sur la base du cours moyen, un programme pour le cours élémentaire qui n'en a pas de nettement défini. Que mes collègues veuillent bien étudier ce petit ouvrage ; qu'ils en examinent l'économie générale, la disposition toute particulière et neuve, l'étendue, la forme, la qualité des résumés, et ils se rendront compte du profit que l'on peut tirer de son emploi pour les élèves, pour les maîtres, pour l'enseignement. E. D.

RÉSUMÉS DE MORALE

PREMIER TRIMESTRE

COURS ÉLÉMENTAIRE

Le Devoir

1. Le bien. — Le mal.

On appelle devoir ce que nous devons faire.

Notre devoir est contenu dans ces mots : faisons le bien, évitons le mal.

Quand nous obéissons à nos parents, à notre maître, quand nous aidons ou secourons notre prochain, nous faisons le bien.

Quand nous désobéissons à nos parents, à notre maître, quand nous insultons un vieillard, quand nous négligeons nos devoirs, nous faisons le mal.

2. La conscience. — Le remords.

On appelle vertu l'habitude de faire le bien.

Franklin fut un homme vertueux.

On appelle vice l'habitude de faire le mal.

Le Régent, l'abbé Dubois furent des hommes vicieux.

La Conscience c'est notre raison qui distingue le bien du mal.

Quand nous faisons le bien, notre conscience nous approuve : alors nous sommes contents. Quand nous faisons le mal, notre conscience nous blâme : alors nous éprouvons une peine.

Le Remords est la peine que nous éprouvons après que nous avons fait le mal.

Charles IX mourut dévoré de remords d'avoir ordonné la Saint-Barthélemy.

Vertus et vices. — Guillaume de Lamoignon était un homme instruit et vertueux. En 1658, il devint premier président au Parlement. Le roi, en le nommant à ce poste, lui dit ces paroles glorieuses : « Si j'avais connu un plus homme de bien que vous, je l'aurais choisi. » Le général Drouot joignait à une grande science, à un noble courage, les vertus les plus admirables. Napoléon l'appelait « le Sage ».

Un prince bon, généreux, intelligent, le Régent, donna l'exemple de tous les vices. Il avait eu le malheur de tomber dans les mains du misérable abbé Dubois que la mère du Régent appelait « le plus grand coquin du monde ».

> Heureux, oui, trop heureux, dans sa noble carrière,
> Celui qui, rejetant ses regards en arrière,
> Y retrouve partout les vices combattus,
> La trace du travail et celle des vertus.
> (Delille.)

RÉSUMÉS DE MORALE

PREMIER TRIMESTRE

COURS MOYEN

Le Devoir

1. Le bien — Le mal.

La Morale est la science qui nous apprend notre devoir. Elle nous enseigne que nous devons pratiquer le bien et éviter le mal.

L'homme est un être doué de raison.

Notre raison nous impose une règle de conduite qu'on appelle la Loi morale ou le Devoir.

Nous faisons le bien quand nos actes sont conformes aux prescriptions de la Loi morale.

Ex : Obéir à nos parents, à nos maîtres, aimer nos semblables, etc.

Faisons le bien, faisons-le jusqu'à la mort, car la sagesse c'est le bonheur.   *(Sagesse antique.)*

Nous faisons le mal quand nos actes sont contraires aux prescriptions de la Loi morale.

Ex : Désobéir à nos parents, insulter les vieillards, etc.

2. La conscience. — Le remords.

On appelle vertu l'habitude de faire le bien.

Ex : Michel de l'Hôpital, d'Aguesseau, Franklin furent des hommes vertueux.

La vertu est le véritable bien de l'homme, et elle seule le rend véritablement grand et estimable.   *(Rollin.)*

On appelle vice l'habitude de faire le mal.

Le Régent, l'abbé Dubois, le roi Louis XV furent des hommes vicieux.

Où règne le vice ne croyons pas que la tranquillité d'esprit et le plaisir puissent habiter.   *(Vauvenargues.)*

La Conscience c'est notre raison qui distingue le bien du mal.

Quand nous faisons le bien, notre conscience nous approuve ; alors nous ressentons une joie intérieure ; quand nous faisons le mal notre conscience nous blâme ; alors nous éprouvons une peine.

Le remords est la peine que nous éprouvons après que nous avons fait le mal.

Notre devoir se résume en ces mots : Faire le bien, éviter le mal. Cependant nous avons la liberté de choisir entre le bien et le mal, de vouloir et de faire l'un ou l'autre, mais nous sommes responsables de nos actes.

Soyons unis par l'affection et nous serons heureux.

La famille.

3. La famille. — Le droit d'aînesse.

La famille comprend le père, la mère, les enfants et quelquefois le grand-père et la grand'mère.

Tous les membres d'une famille doivent s'aimer et s'entr'aider.

Le chef de la famille est le père.

Avant 1789, en France, le fils aîné héritait des richesses et des titres de son père : ses frères et ses sœurs n'avaient presque rien. On appelait cette coutume injuste le Droit d'aînesse. La Révolution l'a abolie.

Aujourd'hui tous les enfants d'une même famille sont égaux.

Devoirs des enfants envers leurs parents.

4. Le respect. — Obéissance.

Nous devons à nos parents le respect, l'obéissance, la reconnaissance et l'amour.

Nous leur devons le respect parce qu'ils sont nos supérieurs.

Nous montrerons notre respect à nos parents en leur obéissant, en leur parlant poliment, en écoutant leurs conseils, en évitant surtout de nous moquer d'eux.

Obéir, c'est faire ce qui est commandé par un supérieur.

Ce que nos parents nous commandent est pour notre bien: notre devoir est de leur obéir sans discuter et sans murmurer.

La famille. — Dans une famille tous ont en vue l'avantage de tous, parce que tous s'aiment et que tous ont part au bien commun. Tous ses membres y contribuent d'une manière diverse selon leurs forces, leur intelligence et leurs aptitudes particulières : l'un fait ceci, l'autre fait cela ; mais l'action de chacun profite à tous, et l'action de tous profite à chacun. Qu'on ait peu ou beaucoup, on partage en frères. On n'y voit point ici la faim à côté de l'abondance. La coupe que Dieu remplit de ses dons passe de main en main, et le vieillard et le petit enfant, et celui qui revient des champs le front baigné de sueur, y trempent également leurs lèvres. Leurs joies, leurs souffrances sont communes. Si l'un est infirme, si l'un est malade, s'il devient avec l'âge incapable de travail, les autres le nourrissent et le soignent ; de sorte qu'en aucun temps il n'est abandonné.

Père, mère, enfants, frères, sœurs, quoi de plus saint, de plus doux que ces noms !... *(Lamennais.)*

Qu'est-ce que l'esprit de famille? — C'est un mélange de crainte affectueuse pour le père, de tendresse craintive pour la mère, de respect pour tous les deux, d'admiration pour leurs vertus, de volontaire aveuglement pour leurs travers, de reconnaissance pour leurs bienfaits, de compassion pour leurs souffrances, de pitié pour leurs sacrifices. *(P. Janet.)*

Ce qu'on appelle les biens ne donne pas le bonheur ici-bas ; mais on trouve dans l'affection mutuelle qui adoucit les maux de notre existence.

(Lamennais.)

La famille.

3. La famille. — Le droit d'aînesse.

Une Société est une réunion d'individus qui ont des intétêts communs.

La Famille est une société. Elle comprend le père, la mère, les enfants et quelquefois le grand-père et la grand'mère.

Tous les membres d'une famille doivent s'aimer et entr'aider.

Le Chef de la famille est le père. La loi l'a revêtu de l'autorité parce qu'il possède les moyens de pourvoir aux besoins de l'enfant.

Avant 1789, en France, le fils aîné de la famille héritait des richesses et des titres de son père ; ses frères et ses sœurs n'avaient presque rien. On appelait cette coutume injuste le Droit d'aînesse. La Révolution l'a abolie.

Aujourd'hui tous les enfants d'une même famille sont égaux ; tous ont les mêmes droits à l'affection et aux biens de leurs parents.

C'est la Révolution qui a créé l'égalité et établi la justice dans la famille.

Devoirs des enfants envers leurs parents.

4. Respect. — Obéissance.

Nous devons à nos parents le respect, l'obéissance, la reconnaissance et l'amour.

Nous devons le respect à nos parents parce qu'ils sont nos supérieurs.

La loi dit : « L'enfant, à tout âge, doit honneur et respect à ses père et mère ».

L'enfant qui respecte ses parents leur obéit, leur parle poliment, écoute leurs conseils et les suit avec docilité ; il ne se moque pas de leurs défauts ni de leurs infirmités ; il se conduit bien.

Honore ton père et ta mère et tu seras heureux.

Obéir, c'est faire ce qui est commandé par un supérieur.

Ce que nos parents nous commandent est dans notre intérêt et pour notre bien.

« Nos parents sont des amis incomparables. Leur volonté doit toujours être présumée juste et raisonnnable ». Ne discutons jamais leurs ordres : exécutons-les vite, sans murmurer et sans bouder.

Le plaisir des bons cœurs, c'est la reconnaissance.

(La Harpe.)

5. Reconnaissance. — Ingratitude.

Être reconnaissant, c'est garder le souvenir affectueux des bienfaits qu'on a reçus.

Nous avons reçu et recevons de nos parents beaucoup de bienfaits : montrons-leur toute notre reconnaissance par notre bonne conduite et notre travail.

L'enfant qui n'a pas de reconnaissance pour ses parents est un ingrat.

L'ingratitude est un crime odieux.

6. Amour filial.

Nos parents nous prodiguent leurs soins ; nous leur causons beaucoup de soucis. Leur dévouement prouve qu'ils nous aiment : aimons-les aussi de tout notre cœur.

L'amour que les enfants ont pour leurs parents s'appelle amour filial ou piété filiale.

Nous avons les mêmes devoirs à remplir envers nos grands-parents. Témoignons-leur beaucoup de respect et d'affection.

Conseils aux enfants. — Honorez, aimez votre père et votre mère. Vous êtes pour eux un grand sujet de soucis. N'ont-ils pas sans cesse devant les yeux vos besoins de toute sorte, et ne faut-il pas qu'ils fatiguent sans cesse afin d'y subvenir ? Le jour, ils travaillent pour vous ; et la nuit encore, pendant que vous reposez, souvent ils veillent pour n'avoir pas, le lendemain, à vous répondre quand vous leur demanderez du pain : « Attendez, il n'y en a pas. »

Si vous ne pouvez maintenant partager leur tâche, efforcez-vous au moins de la leur rendre moins rude par le soin que vous prendrez de leur complaire et de les aider selon votre âge, avec une tendresse toute filiale.

Vous manquez d'expérience et de raison : il est donc nécessaire que vous soyez guidés par leur raison et leur expérience, et ainsi vous devez leur obéir, prêter à leurs conseils, à leurs enseignements une oreille docile.

Il vient un temps où la vie décline, où le corps s'affaiblit, les forces s'éteignent ; enfants, vous devez alors à vos vieux parents les soins que vous reçûtes d'eux dans vos premières années. Qui délaisse son père et sa mère en leurs nécessités, qui demeure sec et froid à la vue de leurs souffrances et de leur dévouement, je vous le dis en vérité, son nom est écrit au livre du souverain Juge parmi ceux des parricides.

(Lamennais.)

Un père et une mère sont prêts à tous les sacrifices pour le bonheur à leurs enfants.

5. Reconnaissance. — Ingratitude.

Etre reconnaissant, c'est garder le souvenir affectueux es bienfaits qu'on a reçus.

Depuis notre naissance nos parents nous ont comblés de ienfaits. Témoignons-leur notre reconnaissance par notre onne conduite, notre travail régulier à l'école, par notre mpressement à les satisfaire et à les aider. Plus tard, uand ils seront vieux et infirmes, nous leur prouverons otre reconnaissance, en les soignant et en leur rendant en artie les soins et les caresses que nous avons reçus d'eux.

L'Ingratitude est le manque de reconnaissance.

« L'ingratitude est un crime odieux »   *(Voltaire.)*

L'ingratitude est mère de tout vice, a dit La Fontaine.

6. Amour filial.

Nos parents nous prodiguent leurs soins ; ils s'imposent our nous beaucoup de travaux et de fatigues ; nous leur ausons de grands soucis et parfois des peines. Leur dévoû- ent est la preuve qu'ils nous aiment : aimons-les aussi de out notre cœur.

> Oh ! qui pourrait compter les bienfaits d'une mère !
> A peine nous ouvrons les yeux à la lumière,
> Que nous recevons d'elle, en respirant le jour,
> Les premières leçons de tendresse et d'amour.
>
> *(Ducis).*

L'amour que les enfants ont pour leurs parents s'appelle mour filial ou piété filiale.

Nous avons les mêmes devoirs à remplir envers nos rands-parents. Acquittons-nous en fidèlement. Donnons- eur des marques toutes particulières de notre respect et de otre affection.

L'amitié des frères fait le bonheur des parents.

Les devoirs des frères et des sœurs.

7. Notre besoin d'affection. — Amour fraternel.

Nous sommes faits pour vivre en société. Nous avons particulièrement besoin d'affection. Cette affection, nous la trouvons chez nos amis et surtout chez nos parents et chez nos frères et sœurs.

Nos frères et sœurs sont nos meilleurs amis.

Nous avons des devoirs à remplir envers nos frères et sœurs. Ces devoirs sont résumés dans ces deux mots : Amour fraternel.

L'amour fraternel est l'amour qui unit les frères et sœurs.

8. Obligeance. — Indulgence. — Protection des aînés.

Les frères et les sœurs qui s'aiment sont obligeants et indulgents les uns pour les autres. Les aînés doivent protéger les plus jeunes.

Le frère obligeant est toujours disposé à rendre service à ses frères et sœurs. L'obligeance augmente l'affection.

Le frère indulgent excuse et pardonne facilement les fautes de ses frères et sœurs.

Soyons indulgents pour les nôtres et donnons-leur de bons conseils.

Les aînés de la famille doivent toujours protéger leurs jeunes frères et sœurs, leur donner de bons conseils et de bons exemples. A leur tour les plus jeunes doivent obéir à leurs aînés.

Frères et sœurs. — Frères et sœurs, que rien n'altère jamais la paix entre vous ni l'affection que vous vous devez mutuellement. Vous êtes sortis des mêmes entrailles et le même lait vous a nourris : est-il un lien plus fort et plus sacré que celui-là ? Faites en sorte que les années le resserrent toujours davantage. Notre sentier sur la terre est difficile et rude : pour y marcher avec assurance, pour n'y point trébucher à chaque pas, appuyez-vous les uns sur les autres.

(Lamennais.)

« Voyez sur les bords de la mer un arbre isolé, sans force contre les vents qui courbent sa tige, abaissent et brisent ses branches à mesure qu'elles croissent, il se dessèche et meurt bientôt. Ainsi en est-il de l'homme sur la terre. Il ne suffit pas que l'eau des nuées humecte ses racines, il faut encore qu'il trouve un abri, et que ses rameaux, en s'élevant, s'appuient sur d'autres rameaux. » Que signifie ceci, sinon que les hommes ne sont forts que par l'union ? Frères et sœurs, unissez-vous, appuyez-vous les uns sur les autres et vous pourrez résister aux chagrins et aux infortunes dont la vie est semée.

otre frère doit être pour vous un excellent ami, votre sœur une douce
pagne à qui vous devez protection.

Les devoirs des frères et sœurs.

7. Notre besoin d'affection. — Amour fraternel.

Nous sommes faits pour vivre en société. Entre toutes
oses nous avons particulièrement besoin d'affection. Cette
ction nous la trouvons chez nos semblables, chez nos
is et surtout chez nos parents et nos frères et sœurs.

Nos frères et sœurs sont nos plus sûrs et meilleurs amis.
« Un frère est un ami donné par la nature. »

Nous avons des devoirs à remplir envers nos frères et
urs. Ces devoirs sont résumés dans ces deux mots :
nour fraternel.

L'amour fraternel est l'amour qui unit les frères et les
urs. Celui qui aime ses frères et ses sœurs est attaché à
x ; il est heureux de leurs joies et de leurs succès ; il
rtage leurs tristesses et leurs peines ; il désire leur bon-
ur et cherche à le faire.

> Aimons-nous ; l'homme, hélas ! ne peut rien sans autrui :
> Tel que la faible vigne, il réclame un appui.　　　(*Fontanes.*)

8. Obligeance. — Indulgence. — Protection des aînés.

es frères et les sœurs qui s'aiment pratiquent entre eux
bligeance et l'indulgence. Les aînés doivent protéger les
is jeunes.

L'obligeance est une disposition à rendre service.

Soyons toujours prêts à servir nos frères et sœurs :
bligeance augmente l'affection.

Soyons indulgents pour nos frères et nos sœurs ; suppor-
is leurs petits défauts ; essayons de les en corriger ;
and nous le pouvons, donnons-leur de bons conseils afin
 leur éviter de retomber dans les fautes qu'ils ont com-
ses.

Les aînés de la famille ont le devoir de protéger leurs
ines frères et sœurs et de leur donner de bons conseils et
 bons exemples. Ce devoir est plus impérieux quand les
fants sont orphelins.

A leur tour les plus jeunes doivent à leurs aînés la même
éissance qu'à leurs père et mère.

Que les frères soient entre eux affectueux, polis et obligeants.

9. Jalousie.— Impolitesse. — Querelles.

Les frères et sœurs qui s'aiment évitent la jalousie, l'impolitesse, les querelles.

Le jaloux est mécontent des avantages qu'ont ses frères ou ses sœurs.

La jalousie détruit l'amitié. Un bon frère n'est pas jaloux.

L'enfant impoli parle et agit d'une manière incivile et malhonnête ; il emploie des mots grossiers ; il a de vilaines manières.

Un bon frère a bien soin de n'être pas impoli et grossier envers ses frères et sœurs.

Se quereller, c'est se disputer. Les enfants jaloux, impolis, grossiers, d'humeur chagrine, se disputent souvent.

Évitons les querelles, car elles détruisent l'amitié.

Duguesclin dans son enfance avait l'humeur querelleuse; il n'était aimé de personne.

10. Les Serviteurs. — Les Vieillards.

Les serviteurs sont des gens qui donnent leurs services à d'autres personnes, moyennant salaire.

Les serviteurs dévoués ont le droit d'être traités par leurs maîtres avec justice, bonté et politesse.

Les enfants qui se moquent des domestiques de leurs parents, qui les taquinent et les font souffrir, sont des méchants.

Nous devons aux serviteurs de nos parents : respect, estime et politesse.

Nous devons respecter les vieillards, les honorer et écouter leurs conseils.

Secourons-les, ne rions pas de leurs infirmités, ne les insultons pas.

Maîtres et serviteurs. — Nous naissons tous libres, et les hommes qui se font nos serviteurs ne cessent pas pour cela d'être nos égaux. Le prince de Conti pensait ainsi. Il avait pour ses officiers et ses domestiques une bonté et une douceur dignes d'éloges. Jamais on ne lui vit d'humeur contre eux, ni jamais un de ces mouvements de vivacité qui sont trop fréquents chez beaucoup de maîtres. Il paraissait leur ami plutôt que leur maître ; il les regardait comme les compagnons de sa fortune, non comme les jouets et les ministres de ses volontés et de ses passions. Aussi lui étaient-ils tous infiniment attachés. Il avait de bons serviteurs parce qu'il était bon maître.

Le Respect des Vieillards à Sparte. — Le respect des vieillards était un devoir pour les Spartiates : c'était obéir aux dieux que d'honorer ceux à qui les dieux accordaient une longue vie. Aussi le vieillard était-il l'objet de la plus grande déférence. Tous se levaient à son approche, lui cédaient la place ou le pas, dans les repas publics, à la promenade, dans les assemblées; les rois eux-mêmes observaient cette coutume.

Rappelez-vous que vos domestiques sont vos frères et vos égaux ; aimez-les et traitez-les avec douceur.

9. Jalousie. — Impolitesse. — Querelles.

Les frères et sœurs qui s'aiment évitent la jalousie, l'impolitesse et les querelles.

La jalousie est une tristesse que l'on ressent à l'occasion du bien du prochain, ou une joie que l'on éprouve au sujet de ses peines.

La jalousie est un mauvais sentiment : elle détruit l'amitié.

Un bon frère n'est pas jaloux des avantages qu'ont ses frères et sœurs ; au contraire, il s'en réjouit.

L'impolitesse est une manière de parler et d'agir incivile et malhonnête. Elle dégénère souvent en grossièreté.

Le frère aimant évite avec le plus grand soin les propos grossiers et les manières inconvenantes dans ses rapports avec ses frères et sœurs.

« La politesse fait estimer les hommes, la grossièreté et l'insolence les font mépriser. »

L'impolitesse et la grossièreté amènent les querelles.

Les querelles détruisent l'amitié entre les frères et sœurs : évitons-les.

Si nous sommes querelleurs, corrigeons-nous ; si nous avons des frères jaloux, impolis, querelleurs, donnons-leur de bons conseils et efforçons-nous de leur faire perdre leurs vilaines habitudes et de les rendre meilleurs.

10. Les Serviteurs. — Les Vieillards.

Les serviteurs sont les gens qui donnent leurs services à d'autres personnes moyennant salaire.

Les serviteurs dévoués ont le droit d'être traités par leurs maîtres avec justice, bonté et politesse.

Il faut nous souvenir toujours que nos domestiques sont notre prochain et des frères que la charité nous oblige d'aimer comme nous-mêmes.

(François de Sales.)

Les enfants qui se moquent des domestiques de leurs parents, qui les taquinent et les font souffrir, sont des méchants.

Nous devons aux serviteurs de nos parents, respect, estime et politesse.

Nous devons respecter les vieillards, les honorer et écouter leurs conseils avec déférence.

Aimons-les, secourons-les, ne rions pas de leurs manies, ni de leurs infirmités, ne les insultons jamais.

Les personnes âgées sont souvent malades, infirmes. Il faut avoir pour elles des égards, de la politesse, afin d'adoucir un peu leurs maux.

Après le pain, l'éducation est le premier besoin du peuple.
(Danton.)

Le travail à l'école.

11. Loi du travail. — Travail à l'école.

Tous les êtres qui existent sur la terre sont obligés de travailler pour vivre. Les hommes doivent aussi travailler pour se procurer la nourriture, le vêtement, le logement, des outils, des livres, etc.

Nous, écoliers, nous devons aussi travailler. Chaque jour nous avons des leçons à apprendre et des devoirs à écrire. Si nous voulons nous instruire, il faut que nous fassions le travail que notre maître nous impose ; il faut aussi que nous fréquentions assidûment l'école.

12. L'instruction obligatoire.

L'Instruction est obligatoire. La Patrie sait qu'un homme instruit est plus utile à la société qu'un ignorant. C'est pour cela qu'elle a rendu l'instruction obligatoire pour tous les Français.

Notre maître remplace nos parents et la Patrie. Nos parents ne pouvant pas s'occuper de notre éducation, l'État l'a chargé de nous élever, pour faire de nous des hommes instruits, honnêtes, des citoyens dévoués à notre pays.

L'école. — Allez à l'école, enfants ! Vous vous y instruirez ; vous y apprendrez la vie des hommes utiles et celle des hommes vertueux dont on vous propose l'exemple ; vous y lirez l'histoire de votre pays, le récit de ses gloires et de ses malheurs passés ; vous apprendrez les bienfaits que vous en recevez et comment vous devez l'aimer et le servir. On vous dira que tous les hommes sont des frères, qu'ils doivent s'aider et se soutenir les uns les autres. A l'école on cultivera votre intelligence et on préparera en vous des travailleurs laborieux, des pères et mères de famille attachés à leurs devoirs, des citoyens honnêtes et dévoués.

Allez, enfants ! écoutez votre maître ; il est, après vos parents, votre meilleur ami ; obéissez et étudiez !

Un écolier travailleur. — En 1524, un petit garçon de dix ans, sans ressources, arrivait à Paris. Il venait à pied de son village, très éloigné de la capitale. Le désir de s'instruire le tourmentait. Il se fit recevoir en qualité de domestique dans un collège. Là, tout le jour, il était occupé aux plus durs travaux ; la nuit venue, au lieu de dormir, il lisait à la clarté de la lune les livres qu'on lui avait prêtés et s'efforçait de faire les devoirs qu'il trouvait dans les vieux cahiers des élèves. Un professeur le remarqua, s'intéressa à lui, et le fit travailler. En quelques mois l'enfant avait appris tout ce que savaient les meilleurs élèves du collège. Il devint un des plus illustres savants de son temps. C'était Pierre Ramus.

A tout âge, en tout temps, on a besoin d'apprendre,
Et c'est un jour perdu qu'un jour sans travailler.

Le travail à l'école

11. Loi du travail. — Travail à l'école.

Tous les êtres qui vivent sur la terre sont obligés de travailler pour vivre. Les hommes sont soumis aussi à la loi du travail : c'est en travaillant qu'ils se procurent leur nourriture, des vêtements, un logement, des outils, des livres, etc.

Nous sommes écoliers et chaque jour nous avons des leçons à apprendre et des devoirs à écrire. Si nous voulons nous instruire et nous préparer à bien remplir nos devoirs d'hommes et de citoyens, il faut que nous fassions le travail que notre maître nous impose ; il faut aussi que nous fréquentions assidument l'école.

Le travail personnel, actif et persévérant est, pour l'écolier, la première condition de ses progrès. La science est difficile à acquérir ; mais quand on étudie avec courage et persévérance, il n'est point d'obstacle dont on ne triomphe.

L'école est l'apprentissage de la vie.

Jacques Cujas, tout jeune encore, suppliait son père, pauvre ouvrier, de lui acheter des livres. Il étudia si bien et avec tant de ferveur, qu'il devint un des plus grands jurisconsultes français du XVIᵉ siècle

12. L'instruction obligatoire.

L'instruction est obligatoire. Cela signifie que tous les Français ont le devoir de s'instruire et de connaître les premiers éléments des sciences qui sont enseignées à l'école primaire.

La Patrie sait qu'un homme instruit est plus utile à la société qu'un ignorant. C'est pour cette raison qu'elle a rendu l'instruction obligatoire pour tous les Français.

Le citoyen instruit connaît et remplit mieux ses devoirs envers la Patrie que l'ignorant. Une société formée de citoyens instruits progresse ; une société où les ignorants dominent, recule.

Notre maître remplace nos parents et la Patrie. Nos parents ne pouvant s'occuper de notre éducation, l'Etat l'a chargé de ce soin. Il a la tâche de nous élever pour faire de nous des hommes instruits, honnêtes, des citoyens dévoués à notre pays.

> Enfant, crains d'être ingrat, sois soumis, doux, sincère !
> Que celui qui t'instruit le soit un second père (*Voltaire.*)

Devoirs des écoliers envers leurs maîtres.

13. Respect. — Obéissance. — Reconnaissance. — Affection.

Nous devons à notre maître : respect, obéissance, reconnaissance et affection.

Notre maître est notre supérieur ; respectons-le comme nous respectons notre père.

La patrie lui a donné le droit de nous commander ; obéissons-lui avec docilité.

Il se donne beaucoup de peines pour nous instruire et nous rendre meilleurs ; montrons-nous en reconnaissants.

Tout ce qu'il fait est pour notre bien. Il nous témoigne beaucoup de dévouement et d'affection, aimons-le aussi.

Devoirs des écoliers envers leurs camarades.

14. Politesse. — Obligeance. — Franchise. — Affection.

Nos devoirs envers nos camarades sont : la politesse, l'obligeance, la franchise et l'affection.

Soyons polis dans nos rapports avec nos camarades ; évitons les mots grossiers et les manières inconvenantes.

Soyons obligeants, c'est-à-dire soyons toujours prêts à leur rendre service ; prêtons-leur nos livres, aidons-les à faire leurs devoirs.

Soyons francs avec eux. Disons-leur toujours la vérité et nos vraies pensées.

Aimons nos camarades. Quelques-uns deviendront nos amis pour la vie ; les vrais amis sont d'autres frères.

Le ministre Turgot, l'écrivain Diderot, lorsqu'ils étaient encore au collège, aidaient leurs camarades de leurs conseils et de leur bourse.

Un bon camarade. — Des camarades de mon père qui connaissaient sa bonté et les heureuses dispositions de son esprit, le venaient souvent prier de faire leur ouvrage pour eux. Il se prêtait d'abord de tout son cœur à leurs désirs, et la facilité de son génie était si grande qu'il lui en coûtait peu pour les satisfaire ; mais il s'aperçut bientôt qu'il les servait trop bien pour leur paresse, et fort mal pour leur instruction. Il se reprocha de contribuer, par son travail, à les mettre en état de tromper leurs maîtres, ou plutôt de se tromper eux-mêmes, en prenant une habitude d'ignorance et de dissipation dont ils se repentiraient un jour. Il les pria donc de trouver bon qu'il ne leur rendît plus un service si dangereux, et, après leur avoir fait aimer sa complaisance, il commença donc dès lors à leur faire respecter sa vertu. J'ai su ce fait d'un de ceux mêmes qui avaient d'abord reçu de lui ce secours et ensuite cette leçon. Aussi m'a-t-il assuré plus d'une fois que les enfants du même âge que mon père le regardaient moins comme le compagnon de leurs études, que comme un modèle qui excitait plus d'admiration que d'envie, parce que sa modestie était égale à ses talents. (*Daguesseau.*)

Le grand Carnot, l'Organisateur de la Victoire, visitant un jour son village natal, y retrouve son vieux maître qui enseigne encore les

uintilien, philosophe ancien, disait aux élèves : « Aimez vos maîtres
me vous aimez les sciences qu'ils vous apprennent, et regardez-les
me des pères nourriciers de qui vous tenez non la vie du corps, mais
struction qui est la vie de l'âme.

Devoirs des écoliers envers leurs maîtres.

Respect. — Obéissance. — Reconnaissance. — Affection.

Nous devons à notre maître : respect, obéissance, recon-
issance et affection.

Notre maître nous est supérieur par l'âge et par le savoir;
spectons-le comme nous respectons notre père.

La Patrie qui l'a chargé de nous instruire lui a donné le
oit de nous commander : obéissons-lui avec docilité.

Il se donne beaucoup de peines pour nous instruire et
us rendre meilleurs. Suivons ses leçons avec attention,
outons docilement ses conseils et pratiquons-les, et mon-
ons-nous en reconnaissants.

Tout ce que notre maître fait est pour notre bien. C'est
ne sorte de second père qui nous prodigue ses bons soins,
nous sert la nourriture de l'intelligence et du cœur. Il
us témoigne beaucoup de dévouement et nous aime,
mons-le aussi.

Enfants, votre maître vous aime, il vous aimera toujours ; que vous
mande-t-il en échange? Rien qu'un peu d'attention à ses paroles, un peu
respect pour ses leçons, et, si vous avez du cœur, un peu d'affection
ur lui.   (*Guyau.*)

evoirs des écoliers envers leurs camarades.

14. Politesse. — Obligeance. — Franchise. — Affection.

Nos devoirs envers nos camarades sont : la politesse,
obligeance, la franchise, l'affection.

Soyons polis dans nos rapports avec nos camarades ;
vitons les mots grossiers et les manières inconvenantes.

La politesse rapproche les hommes et fait naître l'estime
éciproque.

Soyons obligeants, c'est-à-dire soyons toujours prêts à
ur rendre service. Prêtons-leur nos livres, aidons-les à
ire leurs devoirs. Aidons surtout les plus jeunes, ceux-là
nt besoin d'être guidés.

Les hommes doivent s'aider mutuellement. Ainsi ils
doucissent leurs peines, ils multiplient leurs plaisirs et
eur puissance d'action.

Soyons francs avec nos camarades. Disons-leur toujours
a vérité et nos vraies pensées.

La franchise est une qualité précieuse qui fait estimer et
imer les gens qui la possèdent.

Aimons nos camarades ; quelques-uns deviendront nos
mis pour la vie : les vrais amis sont d'autres frères.

---

etits enfants. Il l'embrasse, et le montrant aux enfants : « Voilà,
it-il, après mes parents, l'homme à qui je dois le plus, voilà mon
econd père ; c'est lui qui m'a appris à connaître et à aimer la
rance ! »   2

L'enfant qui dénonce ses camarades commet une lâcheté.

15. Indulgence. — Jalousie. — Délation. — Querelles

A l'égard de nos camarades, pratiquons l'indulge
évitons la jalousie, la délation et les querelles.

Nos camarades ont des défauts : sachons les support
aidons-les à s'en corriger. C'est là l'indulgence.

Ne soyons point jaloux de leurs succès : mais travail
pour les égaler et obtenir d'aussi bonnes places.

La délation consiste à faire connaître sans nécessité
fautes commises par nos camarades.

La délation est une mauvaise action, évitons-la.

Evitons les querelles et tous les sujets de discorde.

16. Politesse. — Familiarité.

La politesse est l'observation des bienséances.

La vraie politesse part du cœur. Elle se manifeste p
salut que nous donnons à nos parents et à nos maîtres
la contrainte que nous nous imposons pour faire pl
aux autres.

Les enfants doivent observer la politesse envers l
parents, leurs maîtres, leurs camarades et les étrange

On peut être poli et familier. L'homme familier n'es
grossier ; il montre plus d'amitié aux gens.

L'homme impoli est un orgueilleux.

La politesse séduit, attire, fait aimer.

Lettre de Colbert à son fils. — Mon fils, je veux que
continuiez à m'écrire toutes les semaines, mais je désire que
marquiez les occasions qui se seront passées dans le cours
semaine, dans lesquelles vous aurez pratiqué les quatre avis q
vous ai donnés et qui sont :

1° La docilité, l'obéissance et le respect envers vos maîtres.

2° La justice, en vous condamnant vous-même toutes les foi
vous avez tort dans les jeux et autres rencontres avec vos camar

3° La bonté avec votre frère, en ne lui disant jamais aucune p
dure, mais le reprenant doucement et en particulier quand
quelque chose que vous ne trouvez pas bien.

4° La bonté et la civilité envers tous vos camarades, et en
mettant fortement dans l'esprit de vous faire aimer de tout le m

Si vous pratiquez bien ces quatre points, que vous fassiez
votre devoir et que vous vous appliquiez avec plaisir à vos étud
est impossible que vous ne deveniez un aussi honnête homme q
le souhaite. Mais il faut travailler, parce que cela ne se fait pas
peine.

Votre bon père,
COLBERT.

a politesse de bien des gens n'est souvent qu'un jargon fade plein d'ex-
ssions exagérées, aussi vides de sens que de sentiments.

15. Indulgence. — Jalousie — Délation. — Querelles.

A l'égard de nos camarades pratiquons l'indulgence, évi-
ns la jalousie, la délation, les querelles.
Nos camarades ont des défauts. Ne nous en fâchons pas ;
chons au contraire les supporter et aidons-les à s'en
rriger.
Soyons indulgents pour les défauts d'autrui, car nous
ons aussi besoin de beaucoup d'indulgence.
Ne soyons point jaloux des succès de nos camarades ;
ais faisons tous nos efforts, travaillons avec ardeur pour
tenir les mêmes succès et d'aussi bonnes places.
La délation consiste à faire connaître sans nécessité les
utes commises par nos camarades. C'est une mauvaise
tion, évitons-la.
Evitons les moqueries, les querelles et tous les sujets de
scorde. Les querelles font naître les inimitiés et divisent
s hommes.

16. Politesse. — Familiarité.

La politesse est dans l'observation soutenue des bienséances.
La vraie politesse part d'un cœur bienfaisant, ami des
ommes et incliné à leur faire plaisir. Elle est la manifes-
tion extérieure des sentiments que l'on éprouve.
Elle se manifeste dans notre conduite : par le salut que
ous donnons à nos parents, à nos maîtres, à nos supérieurs,
ux vieillards ; par la contrainte que nous nous imposons
our faire plaisir aux autres ; par la douceur avec laquelle
ous parlons à nos domestiques, à nos inférieurs.
La fausse politesse, celle qui n'est qu'extérieure, se tra-
uit par de basses révérences, des cérémonies affectées, des
rotestations frivoles.
On peut être poli et familier. La familiarité n'est pas
'impolitesse ni la grossièreté : elle consiste à montrer plus
l'amitié aux gens.
L'homme impoli est un orgueilleux qui témoigne par ses
aroles et ses attitudes, de son dédain pour les personnes
avec lesquelles il se trouve.
La politesse s'apprend par l'usage du monde. Elle fait
aimer celui qui la pratique, et entretient entre les personnes
a sympathie, l'affection et les bons rapports.

Un ami, don du ciel, est le vrai bien du sage.

(*Voltaire.*)

17. Des Amis.

Aimer, amitié, amour : Ces trois mots prouvent l'attachement qu'une personne a pour une autre.

Un ami est une personne qu'on aime.

Les vrais amis partagent nos peines comme nos plaisirs et nous témoignent leur affection par des actes.

Les vrais amis sont rares.

On trouve les vrais amis parmi les bons élèves.

Recherchons les bons : la compagnie des bons rend meilleur.

Fuyons les mauvais compagnons.

L'AMITIÉ.

Noble et tendre amitié, je te chante en mes vers.
Du poids de tant de maux semés dans l'univers,
Par tes soins consolants c'est toi qui nous soulages.
Trésor de tous les lieux, bonheur de tous les âges,
Le ciel te fit pour l'homme, et tes charmes touchants,
Sont nos derniers plaisirs, sont nos premiers penchants.
Qui de nous, lorsque l'âme naïve et pure
Commence à s'émouvoir et s'ouvre à la nature,
N'a pas senti d'abord, par un instinct heureux,
Le besoin enchanteur, ce besoin d'être d'eux ?
Oui, contre deux amis la fortune est sans armes ;
Ce nom répare tout : sais-je, grâce à ses charmes,
Si je donne ou j'accepte ? Il efface à jamais.
Ce mot de bienfaiteur et ce mot de bienfaits.
Un ami ! ce nom seul me charme et me rassure ;
C'est avec mon ami que ma raison s'épure,
Que je cherche la paix, des conseils, un appui
Je me soutiens, m'éclaire, et me calme avec lui.
Dans des pièges trompeurs si ma vertu sommeille,
J'embrasse, en le suivant, sa vertu qui m'éveille.
Dans le champ varié de nos doux entretiens,
Son esprit est à moi, ses trésors sont les miens.
Quelquefois tous les deux nous fuyons au village.
Nous fuyons. Plus de soins, plus d'importune image :

A l'égard des vrais et intimes amis, ayez un cœur ouvert : rien de secret pour eux que le secret d'autrui. Soyez chaud, désintéressé, fidèle, constant dans l'amitié.

(*Fénelon.*)

17. Des Amis.

Aimer, amitié, amour : Ces trois mots expriment l'attachement qu'une personne a pour une autre.

L'amitié est le bien des cœurs vertueux.

Un ami est une personne qu'on aime.

Les vrais amis partagent nos peines aussi bien que nos plaisirs ; ils nous témoignent leur affection non pas par de vaines paroles, mais par des actes ; ils nous disent toujours la vérité ; ils nous aident et nous consolent dans l'infortune et le malheur.

Les faux amis nous recherchent dans la bonne fortune et nous abandonnent quand le malheur nous frappe.

Fréquentons les bons : la compagnie des bons rend meilleur. Fuyons les mauvaises compagnies.

Choisissons nos amis parmi les élèves dociles, travailleurs, bien élevés, et un peu plus âgés que nous. Eloignons-nous des enfants mal élevés, impolis, menteurs, hypocrites et paresseux.

Mon cœur s'ouvre à la joie, au calme à l'amitié ;
J'ai revu la nature, et tout est oublié.
Dans nos champs, le matin deux lis venant d'éclore
Brillent-ils à nos yeux des larmes de l'aurore,
Nous disons : « C'est ainsi que nos cœurs rapprochés
L'un vers l'autre, en naissant, se sont d'abord penchés. »
Voyons-nous dans les airs, sur des rochers sauvages
Deux chênes s'embrasser pour vaincre les orages,
Nous disons : « C'est ainsi que du destin jaloux,
L'un par l'autre appuyés, nous repoussons les coups.
Même sort nous unit, même lieu nous rassemble ;
Avec les mêmes goûts nous vieillissons ensemble.
Le ciel, qui de si près approcha nos berceaux,
Ne voudra pas sans doute éloigner nos tombeaux. »

(*Ducis.*)

DEUXIÈME TRIMESTRE

La Patrie.

18. La Patrie — Ses bienfaits.

La Patrie est le pays où sont nés nos pères et où nous sommes nés. Notre Patrie s'appelle la France.

Nous recevons de la Patrie de nombreux bienfaits : elle construit et entretient les routes, les écoles, elle fait les lois; elle garantit notre vie et nos biens; elle nous défend contre les attaques des ennemis extérieurs.

La Patrie est donc une bienfaitrice. En retour de ses bienfaits, aimons-la, servons-la, et soyons prêts à mourir pour elle.

19. Patriotisme. — Chauvinisme.

L'amour de la Patrie s'appelle patriotisme.

Le Patriote est l'homme qui aime sa patrie, qui lui consacre son travail et au besoin lui sacrifie sa vie.

Vercingétorix, Jeanne d'Arc, Jacques Cœur, Dupleix, Gambetta furent des patriotes.

La Révolution française fut une époque admirable de patriostisme. Parmi les plus illustres patriotes citons : Hoche, Marceau, La Tour d'Auvergne.

Le patriotisme est l'amour éclairé de son pays.

Le chauvinisme est l'amour exagéré de son pays.

Le chauvinisme divise les peuples et engendre les guerres.

Nous devons éviter le chauvinisme et les chauvins.

Patriotisme. — Le patriote sert sa patrie, quelle que soit d'ailleurs la forme de son gouvernement. Quand la Révolution éclata, la plupart des nobles français passant la frontière, s'enrôlèrent dans les armées des princes étrangers pour combattre leur propre pays. Les officiers du régiment où était La Tour d'Auvergne, noble aussi de naissance, vinrent le prier de renoncer, avec eux, au service de la France républicaine. La Tour d'Auvergne, qui plaçait l'amour de son pays au-dessus de tous ses devoirs, les reçut avec indignation, s'écriant : « Périsse le lâche qui abandonne son pays au moment du danger ; j'appartiens à la Patrie ; jusqu'à mon dernier soupir je servirai sa cause ; soldat, je lui dois mon bras ; citoyen, je dois respect à ses lois ! »

Voilà de nobles paroles que tout Français devrait graver dans sa mémoire pour se les rappeler aux heures critiques où le devoir lutte contre la passion.

Bayard et Bourbon. — A Romagnano (Italie) le connétable de Bourbon poursuivait âprement les Français lorsqu'il vint à passer près de Bayard expirant :

« Ah ! Monsieur de Bayard, dit-il, que j'ai grand pitié de vous voir en cet état, vous qui fûtes toujours si vertueux chevalier ! »

« Monseigneur, répond Bayard, il n'y a point de pitié en moi, car je meurs en homme de bien ; mais j'ai pitié de vous voir servir contre votre prince, et votre patrie, et votre serment ! »

DEUXIÈME TRIMESTRE

La Patrie.

18. La Patrie. — Ses bienfaits.

Le mot Patrie veut dire « Terre des aïeux ».

La Patrie c'est le pays où sont nés nos pères et où nous sommes nés.

Notre Patrie s'appelle la France. C'est une des grandes puissances de l'Europe et du monde entier.

Nous recevons de la Patrie de nombreux bienfaits. Elle construit et entretient les routes, les canaux, les écoles ; elle confectionne les lois ; elle maintient l'ordre intérieur du pays ; elle garantit notre vie, notre liberté, notre travail et nos biens ; elle entretient une armée pour nous défendre au besoin contre les ennemis extérieurs.

La patrie est une bienfaitrice. En retour de ses bienfaits, aimons-la, servons-la, et soyons prêts à lui sacrifier notre fortune et notre vie.

« A la Patrie tout ce que vous êtes, tout ce que vous avez. votre cœur, vos bras, vos veilles et vos biens et votre vie. Qui hésite à mourir pour elle est infâme à jamais !

(Lamennais.)

19. Le patriotisme. — Le chauvinisme.

L'amour de la Patrie s'appelle patriotisme.

Le patriote est l'homme qui aime sa Patrie, qui lui consacre sa pensée, son travail et au besoin sacrifie sa fortune et sa vie pour elle.

Le patriote sert son pays dans la paix comme dans la guerre. Dans la guerre il le défend contre les envahisseurs ; dans la paix il travaille à sa force, à sa grandeur et à sa prospérité.

Vercingétorix, Jacques Cœur, Jeanne d'Arc, Colbert, Vauban, Dupleix, Gambetta furent des patriotes.

La Révolution fut une époque admirable de patriotisme. Des milliers de Français versèrent leur sang pour défendre l'indépendance menacée de leur pays. Parmi les plus illustres citons : Hoche, Marceau, La Tour d'Auvergne.

Le patriotisme est l'amour éclairé de son pays.

Le chauvinisme est l'amour exagéré de son pays.

Le chauvinisme est simplement l'égoïsme des peuples : il les divise, il les excite à se nuire, il engendre les guerres.

Nous devons nous tenir en garde contre le chauvinisme. Il peut nous rendre injustes à l'égard des autres peuples ; il peut nous tromper sur nos qualités ou nos défauts, sur nos forces et nos faiblesses, sur la valeur de nos adversaires, et être cause des plus grands malheurs.

On agit contre la nature toutes les fois que l'on combat contre sa patrie.
(Fénelon.)

20. Le traître. — Le patriote.

Le traître est le citoyen qui livre sa patrie à l'étranger ou qui porte les armes contre elle.

Le patriote donne sa fortune, sa vie pour sauver son pays.

Le traître vend son pays et la vie de ses concitoyens pour avoir une fortune.

Le Connétable de Bourbon, l'abbé Dubois, le général Dumouriez, le maréchal Bazaine, le capitaine Dreyfus, furent traîtres à la Patrie.

Honorons les patriotes, flétrissons la mémoire des traîtres.

21. La France est grande et glorieuse.

La France est une grande nation. Elle est riche et puissante. Beaucoup de ses enfants se sont illustrés dans les sciences, les arts, la guerre, etc.

Citons le philosophe Descartes, le savant Pasteur, le grand comédien Molière, le poète Victor Hugo, les ministres Richelieu, Colbert, les hommes de guerre Turenne, Napoléon Ier, le dévoué Vincent de Paul.

La France est une nation glorieuse. Elle a pris part aux grands évènements de l'histoire. Elle a toujours défendu les faibles. Elle a beaucoup contribué à la civilisation du monde.

Soyons fiers d'être français.

Aimons notre Patrie. — Aimons notre Patrie pour elle-même, non pour nous-mêmes, servons-la de tout notre cœur, de toute notre intelligence, de toutes nos forces. Ne nous inquiétons pas de la reconnaissance de nos concitoyens. On a vu des hommes rendre de grands services à leur pays et ne recueillir que l'ingratitude. Jacques Cœur par sa fortune, Jeanne d'Arc par son courage, aidèrent Charles VII à recouvrer son royaume ; le roi ingrat oublia cet immense service et laissa exiler l'un et brûler l'autre sans rien faire pour les sauver. Colbert, Vauban employèrent leur intelligence et leur vie à faire la France riche et puissante : le superbe Louis XIV les disgrâcia. Dupleix, La Bourdonnais dépensèrent leur fortune pour assurer à la France un empire colonial dans l'Inde : ils moururent en prison et dans la misère. La pensée que leurs services pourraient être méconnus ne les a jamais arrêtés ; ils ne craignaient ni les injures, ni les injustices, ni les disgrâces ; un seul sentiment les guidait dans leur conduite et dans leurs actes : l'avantage et la gloire de leur pays. Ils suivaient les grands exemples de l'antiquité. Ils croyaient qu'ils appartenaient tout entiers à leur Patrie. En cela ils pensaient comme le grand orateur romain Cicéron qui a écrit dans son beau livre « De la République »: « La Patrie ne nous a pas donné l'existence et l'éducation, elle ne se fait point gardienne de nos intérêts pour assurer uniquement notre repos ou favoriser notre oisiveté ; non, elle se réserve en échange, comme un droit privilégié, le meilleur de nos facultés, âme, esprit, raison, et nous laisse, pour notre usage personnel, la part seule qui lui devient inutile. »

Que les dignes actions des grands Français soient notre guide; c'est surtout au moment du danger que la Patrie a besoin de nous. Rappelons-nous le sans cesse, et efforçons-nous de mériter ses bienfaits.

J'aime la France parce qu'elle est la France, et aussi parce que c'est le pays de ceux que j'aime et que j'ai aimés.

(*Michelet.*)

20. Le traître — Le patriote.

Le traître est le citoyen qui livre à l'étranger les secrets, le sol de sa patrie, ou qui porte les armes contre elle.

Le traître est un ingrat et un lâche.

Le patriote donne sa fortune, sa vie pour sauver son pays.

Le traître vend son pays et la vie de ses concitoyens pour avoir une fortune.

Le Connétable de Bourbon, le Grand Condé, l'abbé Dubois, le général Dumouriez, le maréchal Marmont, le maréchal Bazaine, le capitaine Dreyfus furent traîtres à la Patrie.

Sous la Révolution la plupart des nobles français portèrent les armes contre la France leur Patrie : ils se sont conduits en traîtres.

La loi condamne les traîtres à la prison perpétuelle ; il y a un châtiment plus terrible : les traîtres sont méprisés des autres hommes.

« *Honneur aux patriotes ! Honte aux traîtres.* »

21. — La France est grande et glorieuse,

La France est une grande nation. Elle est riche et puissante. Elle est riche par son sol fertile, son agriculture, son industrie et son commerce. Elle est puissante par son armée bien disciplinée, ses soldats dévoués et ses chefs instruits.

Beaucoup de ses enfants se sont illustrés dans les sciences, les arts, la guerre, le gouvernement, etc.

Citons le philosophe Descartes, le savant Pasteur, le grand comédien Molière, le poète Victor Hugo, les ministres Richelieu, Colbert, les hommes de guerre Turenne, Hoche, Carnot, Napoléon Ier, le charitable Vincent de Paul, etc.

La France est une nation juste et glorieuse. Elle a toujours défendu les faibles contre leurs oppresseurs (guerres de la Pologne, de l'Indépendance des Etats-Unis d'Amérique, campagne d'Italie, 1859) ; elle a pris part aux grands évènements de l'histoire (croisades, guerres pour l'équilibre européen).

Elle a proclamé et défendu les Droits de l'homme.

Elle est un centre de grand travail intellectuel et un des pays qui ont le plus contribué à la civilisation.

Soyons fiers d'être Français et rendons-nous dignes de ce nom par notre travail et notre conduite.

22. Les malheurs de notre Patrie

La France a éprouvé des malheurs. Au Moyen-Age elle fut envahie et pillée par les Anglais ; en même temps les Français se battaient les uns contre les autres.

Au XVIᵉ siècle elle fut déchirée par les guerres civiles.

Au début du XIXᵉ siècle, elle fut envahie par les armées de l'Europe coalisée.

En 1870-71, elle fit la guerre à la Prusse et fut vaincue : La Prusse lui enleva l'Alsace-Lorraine. La France en ressentit une immense douleur.

Notre devoir de Français est d'aimer la France et de la défendre dans le danger.

Le siège de Lille. (20 septembre-8 octobre 1792.) — Au début des guerres de la Révolution, le capitaine-général Albert de Saxe commandant l'armée autrichienne vint mettre le siège devant Lille. La garnison et la population lilloises se mirent en mesure de résister aux attaques de l'ennemi. Le 29 septembre, Albert de Saxe envoyait à Lille un officier supérieur chargé de deux lettres. La première était destinée au commandant de place. Elle était ainsi conçue :

Monsieur le Commandant,

L'armée de Sa Majesté l'Empereur et Roi que j'ai l'honneur de commander, est à vos portes ; les batteries sont dressées ; l'humanité m'engage, Monsieur, de vous sommer, vous et votre garnison, de me rendre la ville et la citadelle de Lille, pour prévenir l'effusion du sang. Si vous vous y refusez, Monsieur, vous me forcez, malgré moi, de bombarder une ville riche et peuplée que j'aurais désiré ménager. Je vous demande incessamment une réponse catégorique.

Le lieutenant-gouverneur et capitaine-général des Pays-Bas autrichiens et commandant-général de l'armée impériale et royale,

Albert DE SAXE.

Le commandant Ruault répondit :

Monsieur le commandant-général,

La garnison que j'ai l'honneur de commander et moi, sommes résolus de nous ensevelir sous les ruines de cette place, plutôt que de la rendre à nos ennemis; et les citoyens, fidèles comme nous à leur serment de vivre libres ou de mourir, partagent nos sentiments et nous seconderont de tous leurs efforts.

Le maréchal-de-camp, commandant à Lille,

RUAULT.

La seconde lettre était adressée à la municipalité de Lille. La voici :

A la Municipalité de Lille,

Établi devant votre ville avec l'armée de Sa Majesté l'Empereur et Roi, confiée à mes ordres, je viens, en vous sommant de la rendre, ainsi que la citadelle, offrir à ses habitants sa puissante protection. Mais si, par une vaine résistance, on méconnaissait les offres que je

ut appartient à la Patrie quand la Patrie est en danger

(*Danton.*)

22. Les malheurs de notre Patrie

La France a éprouvé des malheurs. Au Moyen-Age, pendant la guerre de Cent ans, elle fut envahie et pillée par les Anglais ; en même temps elle était troublée par les guerres civiles (Armagnacs et Bourguignons).

Au XVIᵉ siècle elle fut déchirée par les guerres religieuses (catholiques et protestants).

Au XVIIᵉ siècle pendant les années glorieuses de Louis XIV, les Français mouraient de faim et de misère.

Au début du XIXᵉ siècle, elle fut envahie par les armées de l'Europe coalisée (fin du premier empire).

En 1870-71 elle fit la guerre à la Prusse, fut vaincue et perdit l'Alsace-Lorraine qui fut annexée à l'Allemagne : elle en ressentit une immense douleur.

Notre devoir de Français est d'aimer la France, de travailler à sa prospérité et à sa grandeur, de la défendre dans le danger. Dans le malheur ne désespérons pas, unissons tous nos efforts et luttons jusqu'à la dernière extrémité pour sauver notre patrie.

Gambetta et le général Faidherbe nous ont laissé l'exemple de ce que doivent faire les Français quand leur pays est en danger.

---

ur fais, les batteries étant dressées et prêtes à foudroyer la ville, la municipalité sera responsable à ses concitoyens de tous les malheurs qui en seront la suite nécessaire.

Fait au camp de Lille, ce 29 septembre 1792.

Le lieutenant-gouverneur,
Albert DE SAXE.

Voici la réponse :

La Municipalité de Lille à Albert de Saxe,

Nous venons de renouveler notre serment d'être fidèles à la nation, de maintenir la liberté et l'égalité, ou de mourir à notre poste. Nous ne sommes pas des parjures.

Fait à la Maison commune, le 29 septembre 1792, l'an 3ᵉ de la République française,

Le Conseil permanent de la commune de Lille,
ANDRÉ, maire.

Aussitôt que l'ennemi eut pris connaissance de ces fières réponses, commença le feu, qu'il continua jour et nuit jusqu'au 6 octobre. La garnison et la population lilloises pleines de l'enthousiasme que donne l'amour de la liberté et le sentiment du devoir, résistèrent avec opiniâtreté. Devant leur vaillance, Albert de Saxe jugea de l'inutilité de ses efforts et leva le siége, 7 octocre. Le 8, les Autrichiens opéraient leur retraite.

La Convention nationale voulant honorer le courage de la ville de Lille, déclara « qu'elle avait bien mérité de la Patrie ».

Si l'avenir nous réservait le malheur d'être obligés de faire la guerre, rappelons-nous la conduite héroïque des Lillois en 1792.

La propreté est au corps ce que l'amabilité est à l'âme.

(La Rochefoucauld.)

Les devoirs de l'homme envers son corps.

23. — Le corps et l'âme.

L'homme est un être raisonnable formé d'un corps et d'une âme.

Le corps est la partie matérielle et visible de notre être. Il est sujet aux maladies et à la mort.

L'âme est la partie immatérielle et invisible de notre être.

C'est l'âme qui sent, qui pense, qui veut et qui dirige le corps. Elle est immortelle.

Le corps et l'âme sont étroitement unis et exercent l'un sur l'autre une influence. Dans un corps sain réside une âme saine.

24. — Propreté. — Malpropreté.

Notre premier devoir envers notre corps est de ne pas nuire à notre santé.

Pour conserver notre santé il faut que nous pratiquions la propreté, la gymnastique et la tempérance.

La propreté consiste à tenir notre corps, nos vêtements dans un état net. Elle est la première condition de la santé. Elle rend les gens estimables.

La malpropreté est un vice répugnant.

Elle engendre ou aggrave des maladies.

Le Suicide. — Un homme vivait content ; un malheur le frappe : il se suicide. Ce joueur avait été heureux au jeu jusqu'aujourd'hui : la fortune s'est retournée contre lui ; il perd et se ruine : il se tue. Cet autre est affligé d'une maladie incurable : ses souffrances sont plus fortes que sa patience : il se pend ou se noie. Ces hommes ont commis ainsi une lâcheté. Tout homme qui se donne la mort prive quelqu'un de sa protection et de son aide, le livre peut-être à la misère ; dans tous les cas il jette le déshonneur sur sa famille et donne à tous un exemple funeste. Il oublie qu'il ne s'appartient pas, qu'il se doit à la société qui l'a élevé, nourri, protégé. La société attend de lui des services auxquels elle a droit et dont il la frustre. Dans ces circonstances, il faillit à un devoir sacré, il se soustrait à ses obligations : c'est une autre lâcheté. Que celui qui souffre supporte patiemment la souffrance ; que celui qui a commis une faute la répare : il y a plus de courage à vivre et à se réhabiliter qu'à mourir.

e soin que nous prenons de notre corps nous inspire peu à peu l'estime
nous-mêmes.

Les devoirs de l'homme envers son corps.

23. — Le corps et l'âme.

L'homme est un être raisonnable formé d'un corps et
ne âme.
Le corps est la partie matérielle et visible de notre être.
Il est sujet aux maladies et à la mort.
L'âme est la partie immatérielle et invisible de notre être.
C'est elle qui sent, qui pense, qui veut et qui dirige le
ps. Elle est immortelle.
Le corps et l'âme sont étroitement unis. Le corps exerce une
taine influence sur l'âme : dans un corps vigoureux loge
e âme forte et active ; un corps languissant et maladif ne
ut servir qu'une âme faible.
L'âme agit aussi sur le corps : une âme forte commu-
que son énergie au corps ; une âme molle pénètre le corps
sa mollesse.
Le corps est l'instrument de l'âme. Pour qu'il puisse la
en servir il faut qu'il soit sain et robuste.
Donnons à notre corps tous les soins qu'il exige pour
'il soit sain et vigoureux.

24. Propreté. — Malpropreté.

Notre premier devoir envers notre corps est de ne pas le
truire : mutiler son corps ou se suicider sont une lâcheté.
Notre second devoir est de ne pas nuire à notre santé.
L'hygiène nous enseigne que pour conserver notre santé
faut que nous pratiquions la propreté, la gymnastique et
tempérance.
La propreté consiste à tenir notre corps, nos vêtements,
tre maison dans un état net.
Elle est la première condition de la santé. Le proverbe dit :
opreté est mère de santé. Elle rend les gens estimables.
le indique chez ceux qui la possèdent l'amour de l'ordre,
travail et le respect d'eux-mêmes. Elle économise les
oses et le temps.
La malpropreté est un vice répugnant.
Elle engendre ou aggrave des maladies (la gale, la lèpre);
le détériore les choses et cause des pertes de temps et
argent.
Soyons propres : la propreté ne nous oblige à aucune
penses, nous pouvons être propres et rester simples dans
otre tenue.

Notre corps s'altère, a dit un philosophe ancien, par le repos et l'inaction, et se conserve par l'exercice et le mouvement.

25 La gymnastique.

On entend par gymnastique la marche, la course, la natation, l'équitation, et tous les exercices qui donnent du mouvement à notre corps.

On appelle aussi gymnastique les exercices que nous exécutons à l'école ou au gymnase pour fortifier et assouplir notre corps.

La gymnastique développe et fortifie notre corps. Elle lui donne de l'agilité et de l'adresse.

26. La tempérance. — L'intempérance.

La tempérance est la vertu qui modère nos désirs et nos passions.

La modération dans le boire et le manger s'appelle sobriété.

La tempérance produit la santé, la vigueur du corps et de l'intelligence.

L'intempérance est un vice. L'intempérance dans le manger s'appelle gourmandise. L'intempérance dans le boire s'appelle ivrognerie.

La gourmandise est le vice de celui qui mange avec excès. Le gourmand fait tort à sa santé et à sa bourse.

L'INTEMPÉRANCE

La mort, reine du monde, assembla certain jour.
Dans les enfers toute sa cour.
Elle voulait choisir un bon premier ministre
Qui rendît ses États encore plus florissants.
Pour remplir cet emploi sinistre,
Du fond du noir Tartare avancent à pas lents
La Fièvre, la Goutte et la Guerre.
C'étaient trois sujets excellents ;
Tout l'enfer et toute la terre
Rendaient justice à leurs talents.
La Mort leur fit accueil. La Peste vint ensuite.
On ne pouvait nier qu'elle n'eût du mérite.
Nul n'osait lui rien disputer,
Lorsque d'un médecin arriva la visite,
Et l'on ne sut alors qui devait l'emporter :
La Mort même était en balance.
Mais les Vices étant venus,
Dès ce moment la Mort n'hésita plus :
Elle choisit l'Intempérance.   *(Florian.)*

La gourmandise. — Quelqu'un demandait au philosophe Pythagore quel était, parmi les fléaux qui accablent l'humanité, celui qui produit le plus de victimes. Le philosophe répondit: « Ce n'est ni la famine, ni la peste, ni la guerre, ni le crime, ni le fanatisme, ni l'ignorance qui tuent le plus de gens, mais un vice qui, au premier abord, semble le moins à redouter : c'est la gourmandise.

roverbe anglais : Les meilleurs médecins sont le docteur Gai, le docteur
te et le docteur Tranquille.

25. La gymnastique.

On entend par gymnastique la marche, la course, les
ux, la natation, l'équitation, et en général tous les exer-
es coordonnés et suivis que nous exécutons pour assouplir
fortifier notre corps.

La gymnastique affermit la santé, développe et fortifie
corps, l'endurcit à la fatigue, lui donne de l'agilité, de
dresse, de la souplesse et habitue l'âme au courage.

En fortifiant notre corps elle le prépare aux durs travaux
s champs et de quelques autres métiers. En développant
n adresse, sa souplesse, elle le prépare aux professions
écaniques, par exemple, et autres qui exigent de la dexté-
té. La gymnastique est nécessaire enfin pour donner à
tre corps la robustesse et l'endurance qui nous rendront
tes à faire de bons soldats.

26. La tempérance. — L'intempérance.

La tempérance est la vertu qui modère nos désirs et nos
ssions.

La sobriété est la tempérance ou la modération dans le
ire et le manger.

La tempérance a pour fruits la santé, la vigueur du corps
de l'intelligence. Elle contribue en partie au bonheur de
homme.

L'intempérance est un manque de mesure dans nos
ssions, nos désirs, nos idées et nos actions.

L'intempérance dans le manger s'appelle gourmandise.

Le gourmand prend plus de nourriture qu'il n'en a besoin
mange pour le seul plaisir de manger. Il compromet sa
nté, son intelligence et sa bourse.

PRÉCEPTES D'HYGIÈNE.

Buvez peu de vin pur, le soir ne mangez guère ;
Faites de l'exercice après chaque repas.
Dormir sur le dîner, c'est l'usage ordinaire,
Tout fois ne le suivez pas.

(Florian.)

Rejetez bien loin le tabac, plante puante, vénéneuse, qui ruine votre santé et votre intelligence.

(Jacques Ier, roi d'Angleterre)

27. L'ivrognerie. — L'alcool. — Le tabac.

L'ivrognerie est l'habitude de s'enivrer. C'est un vice grossier et brutal.

L'ivrogne détruit sa santé, son intelligence et abrège sa vie.

Il dépense son argent et ruine sa famille.

L'ivrogne s'enivre et fume.

Beaucoup d'hommes fument, ils ont grand tort : le tabac est un poison.

Il détruit la santé, cause de nombreuses maladies, et occasionne une dépense inutile.

28. Les biens extérieurs ou la richesse. — Besoins de l'homme.

L'homme a des besoins nombreux. Il a besoin de se nourrir, de se vêtir, de se loger, de s'instruire.

La nourriture, les vêtements, la maison, les livres, les outils, la terre : voilà ce qu'on appelle les biens extérieurs.

On acquiert ces biens par le travail : le travail est donc une nécessité.

Nous devons user des biens extérieurs avec modération.

Le tabac et l'alcool. — Il y a des gens qui fument sans savoir pourquoi. Ils disent que fumer une pipe délasse et chasse l'ennui. Ce qu'ils ne disent pas, c'est que cette pipe, outre qu'elle occasionne des dépenses absolument inutiles, les empoisonne peu à peu. Le tabac est en effet une plante vénéneuse. Des chimistes ont eu la patience de rechercher les sucs qu'elle renferme. Ils ont trouvé de la nicotine et de la nicotianine qui sont des toxiques violents ; une goutte de nicotine tue un chien, six à huit gouttes peuvent amener la mort d'un homme. Plus, divers autres poisons aussi redoutables, et l'acide prussique qui est aussi un poison d'une extrême violence. Les savants sont fatigués de dire aux hommes qu'ils ont tort de fumer, et ceux-ci continuent à le faire au détriment de leur santé et de leur bourse.

L'homme a pour second ennemi l'alcool. On fait la guerre aux microbes qui exercent mille fois moins de ravages que cette diabolique « eau-de-mort ». L'usage constant de l'alcool détermine l'ivrognerie. De celle-ci naissent la paresse, la misère, les maladies. L'ivrogne s'abrutit de plus en plus jusqu'au jour où la folie le conduit à l'hôpital. Malheureusement il ne fait pas de tort qu'à lui seul ; ses enfants naissent scrofuleux, rachitiques ou idiots ; et après leur avoir communiqué les germes des maladies dont ils n'avaient pas besoin, il les corrompt par le mauvais exemple.

L'ivrogne n'est bon à rien ; il oublie tous ses devoirs envers lui-même, envers sa famille, envers la société. C'est un misérable, un membre gangrené qu'on devrait retrancher de la société aussi impitoyablement qu'on fait d'un membre d'où sortirait la mort pour le corps entier auquel il est attaché.

e tabac est un poison. Pour empêcher ses sujets d'en user, le sultan
urat faisait fendre les lèvres des fumeurs et couper le nez des priseurs;
ape Urbain VIII excommuniait les priseurs.

27. L'ivrognerie. — L'alcool. — Le tabac.

L'intempérance dans le boire s'appelle l'ivrognerie.
L'ivrognerie est l'habitude de s'enivrer. C'est un vice
rossier et brutal.
L'ivrogne fait un usage excessif des boissons alcooliques
ui détruisent sa santé, son intelligence et abrègent sa vie.
dépense son argent, ruine sa famille et voue ses enfants
ix maladies et à la misère.
L'homme sobre est presque toujours laborieux et soigneux.
ivrogne est toujours paresseux et négligent.

« Il sacrifie tout : ses intérêts, sa profession, sa famille. Misérable et
éprisé de tous, il termine sa nuisible existence à l'hôpital ou dans quelque
ile de fous. »   (*D' Fournier.*)

L'ivrogne s'enivre et fume. « Fumer fait boire, et boire
it fumer ».
Beaucoup d'hommes fument ; ils ont toujours tort : le
bac est un poison.
Il détruit la santé, attaque les facultés de l'intelligence,
ause de nombreuses maladies et assez souvent la mort ; il
ccasionne une dépense inutile.

28. Les biens extérieurs ou la richesse.
Besoins de l'homme.

L'homme a des besoins nombreux. Il a besoin de se
ourrir, de se vêtir, de se loger, de s'instruire, etc.
La nourriture, les vêtements, la maison, les livres, la
rre que nous cultivons, les outils et les instruments avec
esquels nous travaillons, tous les objets que nous possé-
ons et dont nous nous servons, l'argent : voilà ce qu'on
ppelle les biens extérieurs ou la richesse.
Ces biens s'acquièrent par le travail : le travail est donc
ne nécessité.
L'homme qui ne travaille pas manque au premier de ses
evoirs.
Nous devons user des biens extérieurs avec modération.
renons-en ce qui nous est absolument nécessaire; si nous
n usions trop ou trop peu nous en ferions un mauvais
sage.

Economie est mère d'aisance.

29. L'avarice. — La prodigalité. — La passion du jeu.

L'avare, le prodigue, le joueur font un mauvais usage de la richesse.

L'avare aime l'or plus que tout au monde. Il passe sa vie à amasser des pièces d'or, à les regarder, à les compter. Il ne s'en sert pas.

L'avare est un profond égoïste.

Le prodigue dépense follement l'argent dans les plaisirs

Le prodigue se ruine et finit souvent sa vie dans la misère

Le joueur cherche dans le jeu l'argent dont il a besoin pour vivre et s'amuser.

Le jeu est un moyen malhonnête de vivre. Il conduit presque toujours le joueur à la ruine et au suicide.

30. L'économie. — L'épargne.

L'homme économe fait un bon usage de la richesse. Il n'est ni prodigue ni avare.

Il fait deux parts de ses biens : la part du nécessaire et la part de la réserve. Cette réserve est l'épargne.

L'homme prévoyant met cette épargne de côté. Elle lui sera utile dans les jours de maladie et dans sa vieillesse.

L'épargne conserve les fruits du travail. Elle amène l'aisance et rend certain de l'avenir.

Terribles conséquences du jeu (tiré des faits divers du *Petit Journal*. Juin 1893). — Un homme, père de famille, tenait un débit de boissons à Paris. Il s'occupait de son commerce qui lui rapportait largement de quoi vivre, lui et sa famille. Un beau jour il se laisse entraîner à parier aux courses. Dabord il gagne, puis il perd. Il veut regagner ce qu'il a perdu, et il joue, de plus belle. Il néglige ses affaires. Pour son malheur la malchance le poursuit ; il emprunte de l'argent à ses amis et il continue à jouer. Un matin il se retrouve ruiné et criblé de dettes. Par dessus le marché, il éprouve un immense dégoût pour le travail. Ses créanciers le poursuivent et le harcèlent ; il perd la tête et ne voit de salut que dans la mort : il se suicide après avoir ôté la vie à sa femme et à ses enfants.

Voilà un crime abominable, terrifiant et dont le souvenir devrait guérir les hommes de la funeste passion du jeu.

Exemples. — Le célèbre Anglais Marlborough, qui s'était fait une brillante renommée par ses talents de capitaine, d'orateur et de négociateur, ternit sa gloire par une avarice sordide. Lorsqu'il mourut, il laissa une fortune immense qu'on a évaluée à 1.500 000 livres de rente. Que de misères il eût pu soulager avec tant d'argent ! — Louis XIV et Louis XV furent des princes prodigues. « Après nous le déluge ! » disait le dernier. On ne saurait être plus égoïste. La France a beaucoup souffert des folies de ces deux princes. — Le peintre italien Le Guide s'était amassé une brillante fortune. Sur la fin de sa vie, il joua, perdit toutes ses richesses, et avec elles, l'estime et la considération de ses amis. Il mourut dans l'opprobre et presque dans la misère.

Napoléon disait du brave et bon Desaix : « Le bon général, le sultan juste. s richesses et les plaisirs n'étaient rien pour lui, il ne leur accordait même s une seule pensée ; c'était un caractère antique ».

29. L'avarice. — La prodigalité. — La passion du jeu.

L'avare, le prodigue, le joueur font un mauvais usage de richesse.

L'avarice est l'amour désordonné des richesses.

L'avare aime l'or plus que tout au monde. Il met son nheur à entasser les pièces d'or dans sa cassette, à les mpter. Il ne s'en sert pas ; il se prive de pain pour grossir n trésor. Il ne connaît pas la charité.

L'avarice déssèche le cœur et rend injuste.

L'avare est un profond égoïste. On le fuit et on le méprise.

La prodigalité est une espèce de folie qui pousse l'homme dépenser son argent et ses biens sans nécessité.

Le prodigue se ruine dans le luxe, les plaisirs, les débau- es. Souvent il finit sa vie dans la misère ou la honte.

La passion du jeu pousse l'homme à chercher dans le jeu gain qu'il devrait se procurer par le travail.

Le jeu est un moyen malhonnête de vivre et que réprouve onnête homme. Le joueur donne l'exemple de la paresse de l'immoralité.

Le jeu conduit presque toujours le joueur à la ruine et suicide.

30. L'économie. — L'épargne.

L'économie est l'ordre qu'on apporte dans la conduite et dministration de sa maison, de sa fortune.

L'homme économe fait un bon usage de la richesse. Il est ni prodigue ni avare.

Il fait deux parts de ses biens : la part du nécessaire et lle de la réserve. Cette réserve est l'épargne.

L'épargne est le fruit de la prévoyance.

La prévoyance est la vertu qui nous fait songer à l'avenir mettre de côté nos ressources superflues. Ces ressources us serviront dans les jours de maladie, de chômage et ns notre vieillesse. L'épargne conserve les fruits du tra- il. Elle amène l'aisance dans la famille ; elle assure notre in pour les jours malheureux; elle nous garantit le repos ns notre vieillesse ; elle sauvegarde notre dignité.

Jacques Laffitte, fils d'un charpentier de Bayonne, avait çu de son père des leçons de travail et d'économie. Il les it en pratique et il en éprouva les heureux effets. Il con- it l'aisance et la richesse dont il usa noblement,

En fait de prévoyance, comme dans la conduite de ta vie,
Ne remets jamais à demain ce que tu peux faire aujourd'hui.

31. Caisse des retraites pour la vieillesse.

(Institution de l'État)

Certaines personnes croient généralement que la constitution de leur avenir est une entreprise au-dessus de leurs forces ; dès lors, profondément découragées, elles vivent au jour le jour et envisagent leur vieillesse pendant toute leur vie sous une sombre perspective. Il y a là une erreur funeste aux individus, à la famille, à la société. Au contraire, avec un peu de prévoyance et quelques efforts à peine sensibles (5 ou 10 centimes par jour), il est facile, en s'appuyant sur la Caisse des retraites, admirable institution de l'État, de garantir complètement et sûrement l'avenir.

EXEMPLES TIRÉS DES TARIFS

Les capitaux versés sont aliénés, c'est-à-dire qu'ils sont acquis à l'État, ou bien ils sont réservés ; dans ce dernier cas, ils sont remboursés sans intérêts aux ayants-droit, lors du décès.

	CAPITAL	
	ALIÉNÉ	RÉSERVÉ
	fr.	fr.
1. Un père de famille effectue un seul versement de **100** fr. sur la tête de son fils âgé de **3** ans ; la rente acquise sera, pour la jouissance à **50** ans, de....................	113	87
À **60** ans, de...................	280	214
À **65** ans, de...................	487	372
2. Un livret de **50** fr. donné en prix à un enfant de **10** ans par une commune, un département ou un particulier, produirait :		
À **50** ans, une rente de....................	37	29
À **60** ans.....................	90	72
À **65** ans.....................	157	125
3. Le versement de **20** fr. par an (soit six centimes par jour) depuis **10** ans jusqu'à **50** ans produit une rente de....................	248	184
Jusqu'à **60** ans, une rente de..............	642	469
Jusqu'à **65** ans, une rente de..............	1132	823
4. Un versement annuel de **30** fr. (soit une économie de dix centimes par journée de travail), fait depuis **20** ans jusqu'à **60** ans, produirait une rente de....................	530	365
Jusqu'à **65** ans, produirait une rente de.	945	645

NOTA. *Les déposants aux caisses d'épargne ont la faculté de demander que leurs fonds soient transférés sans frais à la Caisse de retraites pour la vieillesse.*

	ALIÉNÉ	RÉSERVÉ
5. Pour s'assurer **600** fr. de rente à **50** ans, il faudrait verser annuellement depuis l'âge de **20** ans	92	130
6. Pour s'assurer **1.500** fr. de rente à **60** ans, il faudrait verser annuellement depuis l'âge de **30** ans....................	164	255

L'homme sage dépense moins qu'il ne gagne et place ses économies à la caisse d'épargne.

32. Caisse d'assurances en cas d'accidents.

Cette caisse sert des pensions viagères aux ouvriers blessés par suite d'accidents, moyennant le versement de cotisations annuelles de **3** francs, **5** francs ou **8** francs.

En cas d'incapacité absolue de travail, les pensions peuvent s'élever de **150** à **624** francs, selon l'âge de l'assuré.

En cas de décès, des indemnités sont accordées aux veuves et aux orphelins ou, à leur défaut, au père ou à la mère sexagénaire.

La caisse reçoit les assurances collectives faites par des administrations municipales au profit de leurs sapeurs-pompiers, par des chefs d'industries, etc., au profit de leurs ouvriers.

Exemple : Un ouvrier, âgé de **40** ans, ayant versé une cotisation de **8** francs est atteint, par suite d'un accident, de blessures entraînant une incapacité absolue de travail, il lui sera constitué une pension viagère de **351** francs ; à **50** ans la pension serait de **417** francs, et à **60** ans de **525** francs.

33. Caisse d'assurances en cas de décès.

Cette caisse paie aux héritiers ou ayants-droits des assurés, des capitaux ne dépassant pas **3.000** francs, moyennant le versement d'une prime unique ou de primes annuelles.

Pour assurer **1.000** francs au décès, la prime annuelle à payer est de **4 fr. 06** à **20** ans, de **17 fr. 35** à **30** ans, de **23 fr. 24** à **40** ans, etc.

On peut y faire des assurances collectives au profit des Sociétés de Secours mutuels.

Une personne âgée de **20** ans désire assurer à ses héritiers ou ayants-droit le payement d'un capital de **3.000 fr.**, elle versera une prime annuelle de **42 fr. 16** ; à **30** ans, la prime à verser serait de **52 fr. 05**, et à **40** ans de **69 fr. 71**.

Versements.

Les versements sont reçus à la Caisse des dépôts et consignations, 56, rue de Lille, à Paris, et chez tous les trésoriers-payeurs généraux et receveurs des finances.

Ils sont reçus également, en ce qui concerne les Caisses d'assurances en cas de décès et en cas d'accidents, chez les percepteurs et les receveurs des postes.

Les versements peuvent être arrêtés et repris à la volonté du déposant ; les sommes déposées ne sont jamais perdues.

L'argent est un bon serviteur, mais un méchant maître
(Bacon.)

34. L'économie. — Les choses à économiser. — Les dettes.

Nous devons ménager notre argent, nos habits, nos livres, tous les objets qui nous appartiennent.

Ménageons surtout le temps, car c'est l'étoffe dont la vie est faite.

Soyons économes ; ne dépensons pas notre argent sans nécessité ;

Celui qui achète le superflu vendra bientôt le nécessaire .

On appelle dette ce que l'on doit.

Les dettes consistent en argent qu'on a emprunté ou en marchandises qu'on a achetées à crédit.

La justice nous oblige à payer nos dettes. N'en contractons point.

35. Le travail. — La prévoyance.

Le travail est une nécessité pour l'homme : il faut travailler pour vivre.

Le travail est aussi un plaisir, il honore l'homme et l'enrichit.

L'homme qui travaille est fort et bien portant. Il ne connaît pas l'ennui ni le besoin.

Le travailleur qui épargne est certain de ne pas manquer du nécessaire dans les jours malheureux, et se prépare son bien-être.

Tous les métiers sont honorables. On dit souvent qu'il n'y a pas de sot métier.

Le travail est une nécessité. — Le travail est la loi de tous les êtres. L'oiseau construit son nid et recueille sa nourriture ; l'abeille butine le suc des fleurs et en fait le miel et la cire ; le ver-à-soie tisse son cocon ; la fourmi creuse sa galerie et amasse ses provisions ; la taupe mine le sol pour y chercher les larves dont elle se nourrit ; le cheval transporte nos fardeaux ; le bœuf traîne la charrue et trace le sillon ; la fleur même, qui semble n'exister que pour charmer nos yeux ou flatter notre odorat, travaille : elle prend au sol ses principes et les transforme en sucs qui nous nourriront ou nous guériront dans nos maladies. Ainsi tout ici-bas est soumis à la loi du travail.

L'homme ne saurait s'y soustraire. Si la nature lui a donné le blé, avant d'en tirer son pain, il faut qu'il laboure la terre, qu'il sème et qu'il écrase le grain. Si la nature lui a donné le vin, avant de le boire il faut qu'il cultive la vigne et presse le raisin.

L'habit qui nous couvre, la chaussure qui protège nos pieds, se sont-ils fabriqués seuls ? N'a-t-il pas fallu des bras pour bâtir la maison qui nous abrite ? Comment le pêcheur s'est-il procuré le filet qui prend le poisson, et le sauvage les flèches qui tuent le gibier? Par le travail.

Travailler telle est donc la grande loi du monde.

Manière d'avoir toujours de l'argent dans sa poche. — Vous vous plaignez de ce que l'argent est rare, Je vais vous faire connaître le vrai secret d'avoir toujours de l'argent, la façon de remplir

Travailler c'est accomplir un devoir et par cela même faire une chose onorable.

4. L'économie. — Les choses à économiser. — Les dettes.

Nous devons ménager notre argent, nos habits, nos livres, us les objets qui nous appartiennent. Ménageons surtout temps car c'est l'étoffe dont la vie est faite.

Les Anglais disent : « Le temps c'est de l'argent. »

Soyons économes ; ne dépensons pas notre argent sans écessité : « Celui qui achète le superflu vendra bientôt le écessaire. »

' Le plus riche des hommes est l'économe.
(Chamfort.)

On appelle dettes ce que l'on doit.

Les dettes consistent en argent qu'on a emprunté ou en archandises qu'on a achetées à crédit. Elles sont la source e beaucoup d'inquiétudes. Elles amoindrissent la dignité e l'homme.

La justice nous oblige à payer nos dettes. N'en contrac-ns point si nous n'avons pas la certitude de pouvoir les cquitter.

35. Le travail. — La prévoyance.

Le travail est une nécessité pour l'homme : il faut travail-r pour vivre.

Le travail est aussi un plaisir et le meilleur remède contre nnui.

Le travail est manuel quand les mains ont plus de part à n exécution que l'esprit : tels sont les métiers de tailleur, e charpentier, de laboureur.

Le travail est intellectuel quand l'esprit a la part prépon-rante dans son exécution : l'instituteur, le notaire, l'archi-cte font un travail intellectuel.

Tout travail est noble et légitime, qu'il soit manuel, intel-ctuel, rétribué ou gratuit.

Le travail nourrit l'homme, l'enrichit et l'honore.

Il lui donne la santé, la vigueur du corps et de l'esprit, paix du cœur.

Le travail ne peut produire tous les heureux résultats nt il est capable que s'il a pour compagnon l'ordre et conomie.

---

s poches vides et de les garder toujours pleines. Deux règles feront te l'affaire si vous les observez bien. La première : que l'honnêteté le travail soient toujours vos compagnons. La seconde : dépensez aque jour dix centimes de moins que votre salaire.

Alors votre poche commencera à enfler. Les créanciers ne vous pour-vont plus, et la faim ne vous mordra plus. Le monde entier sera plus illant, le plaisir jaillira de tous les coins de votre cœur. Suivez ce con-l et vous serez heureux. *(D'après Franklin.)*

Celui qui ne travaille point est tout prêt à mal faire.

36. Le travailleur et le Paresseux. — Hommes utiles.

Le travailleur est un homme utile à la société.
L'humanité honore les travailleurs.
Le paresseux est un être vicieux et nuisible à la société.

On méprise et on fuit les paresseux.
Le travail est le père de toutes les vertus.
L'oisiveté est la mère de tous les vices.

Voici les noms de quelques hommes utiles : Gutenberg invente l'imprimerie, Christophe Colomb découvre l'Amérique, Stéphenson construit la locomotive, Hoche défend son pays, Davy dote les mineurs de la lampe de sûreté, Victor Hugo amuse, instruit et moralise les hommes, ses frères ; il défend la justice opprimée ; St-Vincent-de-Paul soulage les malheureux.

APOSTROPHE A UN OISIF.

Les hommes t'ont servi même avant ta naissance ;
Ils t'ont créé des lois et bâti des remparts,
De vingt siècles unis la lente expérience
T'a préparé les arts.
La maison qui te couvre et qui te sert d'asile,
Le pain qui te nourrit, tes plaisirs, tes besoins,
Tout impose à ton cœur le devoir d'être utile,
Tout réclame tes soins.
Ta patrie aux vertus a formé ton enfance,
Les ministres des lois te font des jours heureux,
Les guerriers teints de sang meurent pour ta défense:
Et que fais-tu pour eux ?   (*Thomas.*)

Rendons notre vie utile. — Il y a bien des manières de rendre sa vie utile. L'ouvrier qui exerce un métier, l'instituteur qui instruit les enfants, le savant qui étudie et fait des inventions ou trouve des remèdes à nos maladies, font une œuvre utile à la société. Le facteur qui porte les lettres, le garde qui surveille nos champs, le médecin qui soigne les malades, le cultivateur qui sème et récolte le blé, le boulanger qui cuit le pain, rendent service à leur prochain. Le maire qui administre la commune, l'artiste qui peint de beaux tableaux ou fait de la belle musique, le poète qui compose des poésies, l'écrivain qui instruit et amuse les hommes, le législateur qui confectionne les lois, l'inventeur qui crée de nouvelles machines, le soldat qui apprend le maniement des armes et se prépare à la défense de son pays ; le grand cœur qui exerce la charité : tous ces hommes rendent leur vie utile.

Tout citoyen depuis le plus humble artisan jusqu'au plus grand savant, jusqu'au plus sublime poète, peut rendre sa vie utile. Il lui suffit pour cela d'appliquer ses forces et son intelligence à un travail quelconque. Un proverbe indien dit : « Celui qui a planté un arbre avant de mourir n'a pas été inutile. » Ce qui veut dire que tout travail est utile, et que tout homme qui travaille rend service à ses concitoyens.

C'est une gloire pour un homme que de pouvoir dire : « La besogne

La sagesse prépare le plaisir par le travail, et elle délasse du travail par le plaisir. *(Fénelon.)*

36. Le travailleur et le paresseux. — Hommes utiles.

Le travailleur est un homme utile : son travail est profitable à la société ; il donne à tous un bon exemple.

L'humanité honore les travailleurs.

Le paresseux est un être vicieux et nuisible.

Il est nuisible à lui-même puisqu'il use son corps et son âme dans le désœuvrement ; il est nuisible à la société parce qu'il est pour elle une charge et un exemple de démoralisation.

> Le travail est le père de toutes les vertus.
> L'oisiveté est la mère de tous les vices.

> Fuyons l'indolente paresse ;
> C'est la rouille attachée aux plus brillants métaux ;
> L'honneur, le plaisir même, est le fils des travaux :
> Le mépris et l'ennui sont nés de la mollesse.

Hommes utiles : (Voir la leçon du cours élémentaire).

---

que je fais n'est pas éclatante, mais elle est profitable à mon pays !» Le paresseux ne saurait tenir un pareil langage. D'ailleurs, c'est un être indigne, qui ne gagne pas le pain qu'il mange et ne mérite pas de vivre.

Dangers de la Paresse. — Ce que nous avons le plus à craindre, c'est la mollesse et la dissipation. La mollesse engourdit l'âme et lui ôte un brin de vie pour le bien. Un homme mou et dissipé ne peut jamais être qu'un pauvre homme : il ne saurait cultiver ses talents, ni acquérir les connaissances nécessaires ni s'appliquer courageusement à se corriger. C'est le paresseux qui veut et ne veut pas ; qui veut de loin ce qu'il faut vouloir, mais à qui les mains tombent de langueur dès qu'il regarde le travail de près. Que faire d'un tel homme? Il n'est bon à rien, les affaires l'ennuient, la sérieuse lecture le fatigue. Il faudrait lui faire passer sa vie sur un lit de repos. Travaille-t-il, les moments lui paraissent des heures. S'amuse-t-il, les heures ne lui paraissent plus que des moments. Demandez-lui ce qu'il a fait de sa matinée : il n'en sait rien, car il a vécu sans songer qu'il vivait : il a dormi le plus tard qu'il a pu, s'est habillé fort lentement, a parlé au premier venu, a fait plusieurs tours dans sa chambre. Le dîner est venu ; l'après-dîner se passera comme le matin, et toute la vie comme cette journée.

Encore une fois, un tel homme n'est bon à rien. *(Fénelon.)*

Proverbes de Salomon. — Le souhait du paresseux le tue, parce que ses mains refusent de travailler.

J'ai passé près du champ d'un homme paresseux, et près de la vigne d'un homme dépourvu de sens :

Et voilà, tout y était monté en chardon, les orties en avaient couvert le dessus, et sa cloison de pierre était démolie ;

Et ayant vu cela, j'en tirai une instruction.

TROISIÈME TRIMESTRE

Les devoirs de l'homme envers son âme.

37. Nos devoirs envers notre âme.

Notre âme nous impose des devoirs.

1° Nous devons aimer la vérité, nous instruire, acquérir ou développer en nous les qualités comme la modestie, la bonté, la patience.

2° Nous devons détruire nos défauts, comme l'habitude de mentir, l'orgueil, la vanité, l'hypocrisie, la colère.

Franklin étant jeune avait assez bien de défauts. Il résolut de s'en corriger. A force d'attention et de persévérance, il remplaça tous ses défauts par des qualités. Imitons son exemple.

38. La vérité et le mensonge. La sincérité.

Dire la vérité c'est dire ce qui est.

L'homme sincère dit ses vraies pensées et ce qu'il croit être la vérité.

Faire un mensonge c'est dire le contraire de la vérité avec l'intention de tromper.

Mentir est une mauvaise action. L'honnête homme ne ment jamais.

On aime les personnes qui disent la vérité ; on déteste les menteurs.

Prenons la bonne habitude de dire toujours la vérité.

Washington, jeune encore, nous a donné un bel exemple de l'amour que les hommes doivent avoir pour la vérité ; imitons-le.

L'amour de la vérité. — Le célèbre Washington, qui fut général, homme d'Etat et l'un des fondateurs de la République des Etats-Unis d'Amérique, était franc et sincère. Dès sa plus tendre enfance il avait donné des preuves de son attachement à la vérité. Un jour on lui avait donné une hache. L'enfant, tout joyeux de ce présent, s'en alla l'essayant sur tous les objets qu'il rencontrait. Par hasard il frappa un cerisier d'une espèce très rare et auquel son père tenait beaucoup, et il enleva une partie de l'écorce.

Le lendemain, son père vit ce dégât irréparable et s'en montra très peiné. « Je donnerais, dit-il, cinq guinées pour connaître le coupable ! » Le jeune Washington, redoutant la colère paternelle, hésita un moment ; puis, surmontant sa crainte, il dit : « C'est moi, papa, qui ai coupé l'écorce avec ma hache ! »

— « Embrasse-moi, mon enfant, reprit le père, car à mes yeux ta franchise a plus de valeur que n'en pourraient avoir mille cerisiers. »

La persévérance mène à la vertu. — Un homme possédait un champ qui était couvert de ronces et d'épines. Il y envoya son fils pour le défricher. Le fils, ayant considéré l'étendue du terrain, se dit qu'il ne viendrait jamais à bout d'une telle besogne. Il se coucha

TROISIÈME TRIMESTRE

Devoirs de l'homme envers son âme.

37. La vérité. — La sincérité. — La véracité.

Notre âme nous impose des devoirs :

1° Nous devons aimer la vérité, nous instruire, acquérir ou développer en nous les qualités morales ou vertus comme la modestie, la bonté, la patience.

2° Nous devons détruire nos défauts ou nos vices, comme l'habitude de mentir, l'orgueil, la vanité, l'hypocrisie, la colère.

Dire la vérité c'est dire ce qui est.

Nous devons aimer la vérité, la rechercher, la reconnaître en toutes circonstances et travailler à son triomphe.

La recherche de la vérité est la plus noble des occupations.

La véracité consiste à respecter la vérité et à ne jamais affirmer comme vrai ce qu'on sait être faux.

La sincérité consiste à dire ses vraies pensées et ce que l'on croit être la vérité.

Je veux qu'on soit sincère et qu'en homme d'honneur
On ne lâche aucun mot qui ne parte du cœur. (*Molière.*)

38. Le mensonge.

Mentir c'est dire le contraire de la vérité avec l'intention de tromper.

Le menteur ment pour cacher ses fautes ou pour se soustraire à ses engagements: il manque de courage et d'honnêteté. Il fait de la parole un usage contraire à sa destination: il manque à sa dignité.

Mentir est une mauvaise action et une sottise. « Quand une fois on a trompé, on ne peut plus être cru de personne ; on est haï, craint, détesté, et on est attrapé par ses propres finesses. » (*Fénelon.*)

Celui qui ne ment jamais est certainement un homme honnête et courageux.

Le grand Arnauld, savant religieux de Port-Royal, au XVII° siècle, disait : « Les paroles de ma mère mourante me firent un devoir de me donner tout entier à la défense de la vérité, quand il irait de la perte de mille vies. »

---

et s'endormit. Les jours suivants il ne fit rien non plus. A quelque temps de là le père vint au champ et vit que son fils n'avait seulement pas commencé la besogne. Après en avoir appris la cause, il lui représenta que cet ouvrage devait se faire peu à peu : il l'encouragea. Le fils, docile, se mit au travail ; en peu de temps il défricha le champ et le mit en état d'être cultivé.

C'est ainsi que nous devons en user à l'égard de nos défauts. Commençons par l'un d'eux, quand nous en serons corrigés, attaquons-en un autre. Et ainsi nous finirons par les extirper tous.

L'honnête homme se fait une loi de tenir ce qu'il a promis.

39. La Curiosité. — La Discrétion. — Le Bavardage.

La curiosité est le désir de connaître.

L'enfant curieux qui cherche à s'instruire possède une qualité.

La curiosité est un défaut chez l'enfant qui cherche à connaître des choses qu'il doit ignorer.

Une personne discrète parle peu et ne raconte pas les choses qu'elle a vues ou entendues.

Une personne indiscrète cherche à connaître tout ce qui se passe chez ses voisins.

Le bavard est celui qui parle sans cesse. Il perd son temps, dit des sottises, et se rend insupportable.

Évitons la mauvaise curiosité, l'indiscrétion et le bavardage.

40. Le serment et le parjure.

Une personne fait un serment quand elle affirme quelque chose ou fait une promesse en prenant Dieu à témoin.

On fait un faux serment quand on ment après avoir juré de dire la vérité, ou qu'on jure de faire une chose et qu'on a l'intention de faire le contraire.

Celui qui a fait un faux serment ou qui viole son serment est un parjure.

Le roi Louis XI s'est rendu tristement célèbre par ses faux serments. Napoléon Ier et Napoléon III sont des parjures. Après avoir juré de respecter la Constitution de la France, ils ont renversé le gouvernement établi.

Fidélité à la parole donnée. — Le consul romain Régulus a laissé le plus bel exemple de la fidélité à la parole donnée. Les Romains étaient en guerre avec les Carthaginois. Après quelques succès, les premiers furent vaincus et un grand nombre d'entre eux faits prisonniers ; Régulus fut pris aussi. Mais les chances de la guerre ayant paru tourner à leur désavantage, les Carthaginois songèrent à faire la paix ou au moins l'échange des prisonniers. Ils crurent que dans cette occasion l'intervention de Régulus leur serait d'un puissant secours et lui firent part de leurs desseins. Régulus consentit à se charger de cette mission, et partit pour Rome après avoir juré de revenir prendre ses fers s'il ne réussissait pas dans ses négociations. Arrivé à Rome, il représenta aux sénateurs que les intérêts de la ville ne commandaient ni de faire la paix ni d'échanger les prisonniers, et il ajouta : « Mon parti est bien pris de ne pas rentrer dans Rome ; après avoir été l'esclave des Africains, je ne pourrais soutenir la réputation d'un digne citoyen. Et quand j'en aurais le plus grand désir, je serais retenu par la parole donnée, par la religion de mon serment, par le respect des dieux que j'ai pris pour garants de mon retour chez les Carthaginois... Ils me préparent, je le sais, de grands supplices qui m'effraient moins que l'idée de manquer à ma parole. » Il retourna à Carthage où on le fit mourir dans les plus affreux tourments.

Régulus a laissé « un exemple mémorable de ce que peuvent sur une âme généreuse la religion du serment et l'amour de la Patrie. »

Le silence, la modestie, une prudente réserve sont des qualités précieuses ; mais elles sont particulièrement dignes d'estime chez une femme et contribuent presque à l'embellir.

39. La Curiosité. — La Discrétion. — Le Bavardage.

La curiosité est le désir de connaître.

La curiosité est une qualité si elle nous excite à connaître les choses nécessaires à notre instruction ; elle est un défaut quand elle nous pousse à connaître des choses que nous devons ignorer.

La discrétion est une retenue dans les paroles. Elle consiste à garder le secret qu'on nous a confié, à ne pas divulguer les affaires de notre prochain.

L'indiscrétion est un grave défaut L'indiscret cherche à surprendre les secrets d'autrui pour les révéler. C'est être indiscret que d'écouter aux portes, de lire une lettre oubliée.

L'homme discret parle peu ; l'indiscret parle beaucoup, réfléchit peu et fait tort à son prochain et à lui-même.

Le bavard parle sans cesse ; il parle à tort et à travers de ses affaires et de celles de son prochain : il perd son temps à babiller, fait perdre celui des autres ; il dit des sottises et ennuie ; c'est un être insupportable.

40. Le serment et le parjure.

Une personne fait un serment quand elle affirme quelque chose ou fait une promesse en prenant à témoin Dieu ou son honneur.

« La promesse d'un honnête homme est inviolable : jamais il ne doit manquer à sa parole. »   (*Turenne.*)

Le romain Régulus, le français d'Aubigné ont donné le noble exemple de la fidélité à leur parole. Le comte d'Avaux, surintendant des finances au XVII° siècle, était d'une dignité et d'une politesse remarquables : sa parole valait un serment.

On fait un faux serment lorsqu'on fait une promesse avec l'intention de ne pas la tenir, ou qu'on ment après avoir juré de dire la vérité.

Le faux serment s'appelle aussi parjure : c'est un crime.

L'homme qui a fait un faux serment ou qui viole son serment est un parjure.

Le roi Louis XI s'est rendu tristement célèbre par la facilité avec laquelle il prêtait de faux serments. Napoléon Ier, Napoléon III sont des parjures.

Les parjures sont méprisés des autres hommes.

L'orgueil déjeune avec l'abondance, dîne avec la pauvreté et soupe avec la honte.

41. L'Instruction.

L'instruction est la nourriture de l'âme comme le pain est la nourriture du corps.

L'instruction est nécessaire à tous les hommes. Elle seule les rend capables de remplir tous leurs devoirs et de bien diriger leurs affaires.

L'instruction éclaire notre intelligence et la fortifie. Elle dissipe l'ignorance.

Un homme instruit est plus utile à la société qu'un ignorant.

L'instruction est un trésor, le travail en est la clé.

42. L'Orgueil. — La Vanité. — La Modestie.

L'orgueilleux est l'homme qui se forme une idée trop avantageuse de lui-même.

Il se croit plus capable et plus habile que les autres hommes qu'il méprise.

Le Vaniteux est aussi un orgueilleux. Il est fier de ses beaux habits, de ses bijoux, de sa fortune.

Il recherche les louanges et les flatteries.

L'homme modeste ne tire pas vanité de ses qualités ou de ses mérites.

Il parle peu de lui ; il agit avec le seul désir de faire son devoir et d'être utile. L'orgueilleux et le vaniteux n'ont point d'amis parce qu'ils sont des sots et des égoïstes. On aime et on recherche la compagnie des hommes modestes.

Le roi Louis XIV avait un orgueil immense ; le marquis de Dangeau était très vaniteux ; Turenne était d'une modestie admirable.

L'orgueil. — Les gens orgueilleux sont moqués, méprisés et haïs des autres hommes. Il existait autrefois à Syracuse un médecin du nom de Ménécrate. Il était fier de ses succès, et pour exciter l'admiration publique, il ne manquait jamais, quand il sortait, de se faire accompagner par quelques-uns des malades qu'il avait guéris. Il se donnait orgueilleusement le nom de Jupiter. Il écrivit au roi Philippe, père d'Alexandre-le-Grand, une lettre avec cette adresse : Ménécrate Jupiter au roi Philippe, salut. Ce prince, pour se moquer de sa sotte vanité, lui répondit : *Philippe à Ménécrate : santé et bon sens.*

La modestie. — La modestie est la compagne du vrai mérite. Celle du maréchal de Turenne était admirable. Dans sa carrière militaire il n'avait été battu qu'une fois : c'était à Marienthal, où il commandait en second. Quand il avait remporté une victoire et qu'on l'en félicitait en lui disant qu'il était toujours victorieux, il répondait : « Vous avez sans doute oublié que j'ai été battu à Marienthal. »

Mais personne ne fut peut-être jamais plus modeste que Catinat, un des grands généraux de Louis XIV. Il venait de gagner la bataille de Staffarde. Dans la relation qu'il en faisait au roi, il nommait tous les colonels qui avaient pris part à l'action ; il s'oublia. La cour apprit ses propres exploits par des lettres particulières : il avait eu un cheval tué sous lui, son habit avait été percé de coups, et il avait reçu une contusion au bras gauche.

On ne saurait trop louer et admirer de pareils exemples.

Tant que tu vivras cherche à t'instruire. Par l'instruction on devient savant, par l'éducation on devient meilleur et plus honnête.   (*Solon.*)

41. L'Instruction. — L'Ignorance.

On appelle instruction les connaissances, le savoir, les notions acquises.

L'instruction est la nourriture de l'âme comme le pain est la nourriture du corps.

L'instruction est nécessaire à tous les hommes. Elle seule les rend capables de remplir tous leurs devoirs et de bien diriger leurs affaires.

L'instruction éclaire notre intelligence et la fortifie. Elle nous permet de mieux utiliser nos propres forces et celles de la nature.

« Elle nous procure un remède assuré contre l'ennui. Elle fournit les moyens de remplir utilement et agréablement nos loisirs. Elle nous préserve des mauvaises habitudes et nous rend meilleurs. »

L'ignorance est l'état de l'homme qui ne connaît rien des choses qui l'entourent et qu'il a besoin de connaître.

L'ignorance est la plus grande maladie du genre humain.   (*Voltaire.*)
Les suites de l'ignorance sont d'une extrême conséquence : l'oisiveté en est le premier fruit, et de l'oisiveté naissent tous les vices. (*St-Évremond.*)

42. L'orgueil. — La vanité. — La modestie.

L'orgueil est le défaut de l'homme qui se forme une opinion trop avantageuse de lui-même

L'orgueilleux s'exagère ses talents, ses mérites et s'en glorifie ; souvent même il s'attribue des qualités qu'il n'a pas. Il se croit supérieur aux autres hommes qu'il dédaigne ou méprise.

Louis XIV était d'un orgueil intraitable.

La vanité est l'espèce d'orgueil qui porte l'homme à se glorifier dans les choses les plus petites, c'est-à-dire les plus vaines.

Le vaniteux est fier de ses beaux habits, de ses bijoux, de sa fortune. Il recherche les louanges et les flatteries en faisant montre de son esprit, de son savoir, en rappelant certaines de ses actions.

Heureux ceux qui sont nés modestes ! Rien ne fait paraître les hommes si faibles et si petits que la vanité.   (*Vauvenargues.*)

Le marquis de Dangeau, vivant au XVII° siècle, se faisait remarquer par la vanité extrême qu'il tirait des titres honorifiques dont on l'avait chargé.

La modestie est une retenue dans la manière de penser et de parler de soi.

L'homme modeste ne tire pas vanité de ses qualités ou de ses mérites. Il parle peu de lui. Il agit avec le seul désir de faire son devoir et d'être utile.

La modestie est la vertu des hommes de mérite. « Elle donne du relief à tous les talents, elle rehausse l'éclat des vertus qu'elle accompagne. »
   (*Duclos.*)

L'illustre Pasteur était aussi modeste que savant.

Sachons de l'ami discerner le flatteur.

43. L'hypocrisie et la flatterie.

L'hypocrite parle et agit autrement qu'il ne pense.

Il veut faire accroire qu'il est vertueux quand il n'a qu
des vices, et qu'il fait le bien quand il agit mal.

Le flatteur flatte et trompe les hommes pour tirer d'er
des avantages.

L'abbé Dubois, dit saint Simon, était hypocrite, rus
menteur, flatteur... Sa mémoire restera flétrie à jamais.

Les flatteurs peuvent faire beaucoup de tort à leur pay

Le ministre Louvois a fait beaucoup de tort à la France
flattant Louis XIV et en l'excitant à la guerre.

Méfions-nous des flatteurs : ils ne cherchent qu'à nou
tromper.

44. Le courage militaire, civique et civil.

On montre du courage chaque fois qu'on fait une acti
qui présente du danger.

Le courage est une vertu.

Le courage qui se montre à la guerre, sur le champ
bataille, est le courage militaire.

Le chevalier d'Assas, Montcalm, La Tour d'Auvergn
ont montré du courage à la guerre.

Le citoyen qui obéit aux lois de son pays, qui risque
liberté et sa vie pour les défendre, montre du coura
civique.

Michel de l'Hôpital, le président Broussel ont fait preu
de courage civique.

L'homme qui expose sa vie pour sauver une personne q
se noie ou qui va être brûlée, montre du courage civil.

Le loup et le jeune mouton. — Des moutons étaient en sûre
dans leur parc ; les chiens dormaient et le berger jouait de la flû
avec des bergers voisins. Un loup affamé vint reconnaître le troupea
Un jeune mouton entra en conversation avec lui : « Que venez-vo
chercher ici ? dit-il au glouton. — L'herbe tendre et fleurie, lui répo
dit le loup. Rien n'est plus doux que de paître dans une verte prai
émaillée de fleurs et de boire l'eau d'un clair ruisseau. Que faut-
davantage ? Je me contente de peu ! — Est-il donc vrai, répartit
jeune mouton, que vous ne mangez point la chair des animaux,
qu'un peu d'herbe vous suffit ? Si cela est, vivons comme frères
paissons ensemble. « Aussitôt le mouton sort du parc dans la prairie
le loup le mit en pièces et l'avala.

Défiez-vous des belles paroles des gens qui se vantent d'être ve
tueux. Jugez-en par leurs actions et non par leurs discours.

(*Fénelon.*)

Napoléon disait du général Lannes, surnommé *le Roland de l'armée* : Chez Lannes le courage l'emportait sur l'esprit, mais l'esprit montait aque jour, et quand il est mort, il avait gran li au niveau de son courage, était devenu un g ant. »

43. L'hypocrisie et la flatterie.

L'hypocrite parle et ag t autrement qu'il ne pense.

Il veut faire accroire qu'il est vertueux quand il n'a que s vices, qu'il fait le bien quand il agit mal.

L'hypocrite prend des airs doucereux et affables pour ieux faire ses mauvaises actions.

Rien n'est plus vil qu'un hypocrite.

Le flatteur flatte et trompe les hommes pour tirer d'eux s avantages : de l'argent, des places, des titres.

La flatterie est un commerce honteux qui n'est utile qu'au flatteur.

(*La Bruyère.*)

Les flatteurs sont des êtres détestables qui font du mal à us les gens qu'ils flattent et qui peuvent faire beaucoup tort à leur pays.

Louvois qui a rendu beaucoup de services à la France, i a fait aussi beaucoup de tort en flattant les passions de ouis XIV et en l'excitant à la guerre.

« L'abbé Dubois, dit saint Simon, était hypocrite, rusé, enteur, flatteur. » Il fut, par-dessus, traître à la patrie : mémoire restera flétrie à jamais.

Soyons en garde contre les louanges, et méfions-nous des gens que nous connaissons pas.

(*Lesage*)

44. Le courage militaire, civique et civil.

Le courage est une vertu. Il réside dans une certaine meté qui fait qu'on envisage le danger sans crainte et 'on le brave.

Le courage qui se manifeste sur le champ de bataille, ns une des mille circonstances de la guerre, est le cou- ge militaire.

On donne le nom d'héroïsme aux traits de courage qui t été accompli dans de grandes circonstances.

Les hommes courageux sont des héros. L'histoire de notre ys nous a conservé les noms de mille héros : Vercingé- rix, Bayard, Montcalm, La Tour d'Auvergne, les 123 de izagran, etc...

Les femmes courageuses sont des héroïnes : Jeanne d'Arc, anne Hachette, Suzanne Didier.

Le citoyen qui obéit aux lois de son pays, qui les défend péril de sa fortune, de sa liberté, de sa vie, montre du urage civique.

Michel de l'Hôpital, le président Broussel, le député Baudin t fait preuve de courage civique.

Un homme qui expose sa vie pour sauver un malheureux i se noie, pour soigner des malades pendant une épidé- e, fait preuve de courage civil.

L'évêque de Marseille, de Belzunce, le soldat Garbez ont ontré du courage civil.

Je suis jeune, il est vrai, mais aux âmes bien nées
La valeur n'attend pas le nombre des années.   (*Corneille.*)

Le vrai courage.

J'aime les gens de cœur et ne puis souffrir les lâches, mais je veux que la valeur se montre dans les occasions légitimes, et qu'on ne se hâte pas d'en faire hors de propos une vaine parade. Tel fait un effort et se présente une fois pour avoir le droit de se cacher le reste de sa vie. Le vrai courage a plus de constance et moins d'empressement, il est toujours ce qu'il doit être, il ne faut ni l'exciter ni le retenir; l'homme de bien le porte partout avec lui, au combat contre l'ennemi, dans une compagnie en faveur des absents et de la vérité, dans son lit contre les attaques de la douleur et de la mort. La force de l'âme qui l'inspire est d'usage dans tous les temps; elle met toujours la vertu au-dessus des événements et ne consiste pas à se battre, mais à ne rien craindre. Telle est la sorte de courage que j'ai souvent louée; je ne méprise pas moins celui qui cherche un péril inutile que celui qui fuit un danger qu'il doit affronter.

(J.-J. Rousseau.)

Courage civil.

Les héros français : le sapeur Garbez. — Le 1ᵉʳ juillet 1895, un terrible incendie éclate dans les ateliers de fournitures militaires de la rue Rochechouart, à Paris. Les pompiers attaquent vigoureusement le feu. N'écoutant que son courage, le sapeur Garbez se prodigue aux endroits les plus périlleux. En tentant un sauvetage difficile, il tombe et se fracture la colonne vertébrale. On le transporte mourant à l'hôpital. Le général Saussier, gouverneur de Paris, va le visiter et accrochant à la chemise du blessé la médaille militaire lui dit : « Sapeur Garbez, le gouvernement de la République vous félicite de votre belle conduite et vous décerne la médaille des braves. » Le visage du jeune soldat s'éclaire d'un sourire, une larme mouille sa paupière, et d'une voix émue, à peine perceptible, il répond : « Merci, général ! »

Honnête homme et brave soldat, Garbez a appris à l'école à aimer le devoir. Quel noble exemple à imiter !

Garbez est un ancien élève de l'École nationale professionnelle d'Armentières (Nord).

Une fière réponse. — Palissy avait 76 ans lorsque sa qualité de protestant le fit incarcérer à la Bastille. Le roi Henri III vint l'y voir, et lui dit d'un ton patelin que, pressé par Guise, il se verrait contraint de l'abandonner au bûcher, s'il ne se convertissait. Palissy lui fit cette fière réponse : « Sire, vous m'avez dit plusieurs fois que vous aviez pitié de moi ; moi aussi j'ai pitié de vous qui avez prononcé ces mots, j'y suis contraint. Ce n'est pas parler en roi. Je vous apprendrai ce langage royal : que les Guisards, tout votre peuple, ni vous, ne sauriez contraindre un potier à fléchir le genou devant des statues, parce que je sais mourir. »

C'est dans les grands dangers qu'on voit un grand courage.

(Reynard.)

Courage militaire.

Les héros français.

« La Tour d'Auvergne, Premier grenadier des armées de la République », s'impose à notre admiration par ses vertus et, en particulier, par l'intrépide courage qu'il a montré à la guerre. En 1793 il fut envoyé à l'armée des Pyrénées qui s'apprêtait à entrer en Espagne. On lui donna le commandement de la *Colonne infernale*, avec laquelle il accomplit des actions prodigieuses. Après s'être emparé de la Bidassoa, La Tour d'Auvergne arrive devant la Maison crénelée ; c'était un fort redoutable placé sur une hauteur, et dont les murailles étaient garnies de créneaux par où les canons et les fusils des Espagnols vomissaient la mitraille. La Tour d'Auvergne ordonne à ses soldats de passer le canon de leurs fusils dans les créneaux et de fusiller ainsi l'ennemi en dedans, et, frappant lui-même à la porte, il s'écrie : « Si vous ne m'ouvrez pas, je vous brûlerai vifs. » Les Espagnols ont peur et se rendent. Toute la vie de La Tour d'Auvergne est remplie de pareils exploits.

La garnison d'Huningue.

C'était en 1815. Les armées européennes étaient entrées en France. Toutes les villes ouvraient leurs portes. Huningue seule résistait aux Autrichiens. Le général Barbanègre dirigeait la défense avec quelques hommes. Enfin, la paix étant signée, il fallut rendre la ville.

Le 27 août, l'armée autrichienne était massée sur les glacis de la place : elle devait présenter les armes au passage du général Barbanègre et de ses hommes.

Soudain, la sortie s'opéra. On vit alors paraître une cinquantaine de soldats maigres, fatigués, déguenillés, le visage noir de poudre. Deux tambours ouvraient la marche, suivis du général et de quelques officiers d'état-major ; cinq gendarmes fermaient la marche. Les Autrichiens attendaient ; l'archiduc Jean, qui assistait au défilé, se dirigea vers Barbanègre et lui dit : « Où donc est votre garnison ? » Barbanègre eut un sourire de triomphe et, montrant ses soldats : « Ma garnison ?... la voilà ! » dit-il. Un cri d'admiration s'éleva de tous les rangs ennemis ; et dans un élan irrésistible, l'archiduc Jean, tendant la main à Barbanègre, s'écria : « Vous êtes un brave ! » « — Félicitez, répondit simplement le général français, félicitez mes soldats de leur patriotique courage ! »

Patience et longueur de temps font plus que force ni que rage.

(*La Fontaine.*)

45. La patience. — La résignation. — La persévérance.

La patience n'est pas autre chose que du courage.

La patience est une vertu. Elle fait supporter sans murmure et sans colère les fatigues, les maladies et les souffrances.

C'est une des vertus les plus nécessaires aux hommes. Avec la patience on vient à bout de tout.

La patience qui fait supporter le malheur est la résignation.

La patience dans le travail est la persévérance.

A force de persévérance Franklin se corrigea de ses défauts et devint vertueux; Stéphenson amassa une fortune et inventa la locomotive; les Hollandais construisirent des digues qui empêchèrent la mer d'envahir leur pays.

46. La colère.

La colère est un penchant qui fait que nous nous irritons violemment contre ce qui nous déplaît ou nous blesse.

La colère est une passion dangereuse.

Elle altère la santé et cause parfois la mort.

Elle fait naître les querelles et les procès.

Elle conduit quelquefois au crime.

On combat la colère et on la vainc par la patience.

L'homme en colère ne sait plus faire usage de sa raison.

Évitons à tout prix la colère.

Bernard Palissy. — Parmi les Français illustres, Bernard Palissy s'impose à notre admiration par l'exemple remarquable qu'il a donné au monde de la persévérance dans le travail.

Jeune, Palissy apprend le métier de peintre sur verre. Puis il parcourt la France, les Pays-Bas, l'Allemagne, pour étudier les variétés de terrain. A 25 ans, de retour dans son pays, il forme le projet de retrouver le secret de l'émaillage des faïences perdu, dit-on, par les Italiens, et se fait potier. Alors il entame une lutte longue, acharnée, terrible contre la nature et contre les hommes. Cette lutte, ce martyre plutôt, dure seize années; mais Palissy, soutenu par une foi robuste en son génie et dans le succès, par une volonté opiniâtre, ne faillit jamais. Ses parents, sa femme l'accablent de reproches et d'injures; ses amis le raillent; ses voisins le traitent de fou; ses enfants pleurent, crient et lui demandent du pain. Partout il n'entend que malédiction: rien ne l'abat. Il construit des fourneaux, il renouvelle ses essais, il travaille nuit et jour pendant des mois entiers; il cherche toujours. Ruiné, il paie ses ouvriers avec ses vêtements, il chauffe ses fours avec les tables et les planches de sa maison. Le succès couronne enfin tant d'efforts et de vaillance, et le potier trouve la faïence émaillée.

Les honneurs et les richesses furent la récompense d'une vie de labeur, de souffrances, de supplices. Le roi nomma Palissy son « In-

Jacques Cœur avait cette devise:
« A Cœur vaillant rien d'impossible. »

45 .La patience. — La résignation. — La persévérance.

La patience est une forme de courage.

Elle est la vertu qui fait supporter sans murmure et sans colère les fatigues, les maladies, les souffrances et les misères de la vie.

La patience est la marque d'une âme forte. L'homme patient ne désespère jamais; dans les plus grandes épreuves il conserve au cœur l'invincible espoir que l'avenir lui réserve des jours plus heureux.

La résignation est la patience qu'on met à supporter l'infortune ou le malheur.

La persévérance est la patience au travail, la patience qu'on met à poursuivre un but.

A force de persévérance, Franklin se corrigea de ses défauts et devint un homme vertueux; Stéphenson amassa une fortune et inventa la locomotive; les Hollandais construisirent des digues qui empêchèrent la mer d'envahir leur pays.

La patience est une des vertus les plus nécessaires aux hommes. Avec elle on vient à bout de tout.

46. La colère.

La colère est un penchant qui fait que nous nous irritons violemment contre ce qui nous déplaît ou nous blesse.

La colère est une des plus dangereuses passions qui agitent l'homme.

Elle altère la santé, engendre les maladies, cause parfois la mort.

Elle fait naître les querelles, les injures, la discorde et les procès. Elle conduit quelquefois au crime.

Où la colère a semé c'est le repentir qu'on recueille.

On combat et on vainc la colère par l'attention et la patience.

L'homme en colère ne sait plus faire usage de sa raison.

Evitons à tout prix la colère.

Il y a une autre colère: c'est l'indignation que nous éprouvons à la vue des méchantes actions commises par notre prochain ou des injustices.

Cette indignation vient de notre amour pour la vérité et pour le bien: c'est une colère généreuse.

---

venteur de rustiques figulines » et le fit travailler à l'embellissement des demeures royales; les grands seigneurs l'appelaient dans leurs châteaux qu'il décorait. Son nom restera dans les siècles pour rappeler l'un des plus glorieux exemples de travail et de persévérance qu'il aura été donné à l'humanité d'admirer et d'imiter.

La vengeance la plus noble est le pardon.

47. La bonté et la méchanceté.

Etre bon c'est vouloir du bien à son prochain et lui en faire.

On peut être bon pour les hommes, pour les animaux, pour les plantes.

L'homme bon pardonne à celui qui lui a fait du mal et lui rend le bien.

Celui qui fait du mal à son prochain ou à un animal est un méchant.

Le charretier qui brutalise son cheval, les enfants qui martyrisent un chien, un crapaud, ou qui brisent les plantes, arrachent les écorces des arbres, sont des méchants.

48. Protection des animaux utiles. — Loi Grammont.

Les animaux domestiques sont ceux qui vivent dans notre maison et qui nous aident dans nos travaux.

Ils nous rendent beaucoup de services : il est juste de les bien traiter.

La *Loi Grammont* protège les animaux domestiques contre la brutalité des méchants.

Elle punit d'une amende et de la prison les gens qui maltraitent les animaux domestiques.

Les oiseaux sont des êtres utiles. Ils détruisent les insectes qui ravagent nos récoltes. Ils sont donc les défenseurs de nos biens et nos amis. Ne les dénichons pas, ne les tuons pas.

La loi Grammont. — Seront punis d'une amende de cinq à quinze francs, et pourront l'être de un à cinq jours de prison, ceux qui auront exercé publiquement et abusivement des mauvais traitements envers les animaux domestiques. La peine de la prison sera toujours appliquée en cas de récidive. L'article 483 du code pénal, relatif à la récidive, sera toujours applicable.

La Cour de cassation définit comme passibles de la loi (arrêts du 22 août 1857 et 13 août 1858) : « Tous mauvais traitements, qu'ils résultent soit d'actes directs de violence ou de brutalité, soit de tous autres actes volontaires de la part des coupables, quand ces actes ont pour résultat d'occasionner aux animaux des souffrances que la nécessité ne justifie pas. »

Les principaux actes tombant sous l'application de la loi sont : Les blessures faites volontairement. — Les coups violents. — Le travail des animaux blessés. — La surcharge. — L'entassement des animaux conduits dans les voitures de transport. — Les jeux cruels où des animaux sont employés (combats de coqs, de taureaux, tir à l'oie, etc.). — Les modes barbares dans la mise à mort des animaux de boucherie.

C'est méchanceté et folie que de détruire les oiseaux qui sont nos seuls défenseurs contre les insectes.

47· La bonté et la méchanceté.

La bonté est une vertu. Elle consiste à vouloir du bien à son prochain et à lui en faire, à empêcher le mal qui pourrait l'atteindre ou celui qu'il pourrait faire.

La bonté s'étend à tous les êtres : aux hommes, aux animaux et aux plantes.

L'homme bon oublie les injures et les injustices ; il pardonne à celui qui lui a fait du mal et lui rend le bien ; il souffre pour être utile à son prochain.

La vengeance la plus noble est le pardon. « Le roi de France ne venge pas les injures du duc d'Orléans », disait Louis XII.

La vengeance rabaisse l'homme. Jules César ternit sa gloire en faisant périr Vercingétorix à qui il n'avait pas pardonné la défaite de Gergovie.

La méchanceté réside dans la disposition de celui qui se plaît à faire souffrir les hommes ou les animaux.

Le charretier qui brutalise son cheval, les enfants qui chagrinent leurs camarades, qui font souffrir un chien, un crapaud, sont des méchants.

48. Protection des animaux utiles. — Loi Grammont.

Les animaux domestiques sont ceux qui vivent dans notre maison et qui nous aident dans nos travaux.

Ils nous rendent de grands services et méritent en retour d'être bien traités.

Celui qui néglige ou maltraite les animaux domestiques est un sot ou un méchant.

La *Loi Grammont*, qui fut établie en France le 2 juillet 1850, protège les animaux domestiques contre la brutalité des méchants.

Elle punit d'une amende de cinq à quinze francs et de un à cinq jours de prison ceux qui exercent publiquement et abusivement des mauvais traitements envers les animaux domestiques. La peine de la prison est toujours appliquée en cas de récidive.

La Société protectrice des animaux a été fondée pour assurer et compléter les bons effets de la loi Grammont. Elle décerne des récompenses aux personnes qui traitent le mieux les animaux domestiques.

Les oiseaux sont des êtres utiles. Ils détruisent les insectes qui ravagent nos récoltes et défendent ainsi notre subsistance et nos biens.

Les oiseaux sont donc nos amis ; ne les dénichons pas, ne les tuons pas.

J'aime mieux dépenser en aumônes qu'en festins et en vains plaisirs.
(Louis IX.)

Les devoirs de l'homme envers son prochain.

49. Justice et charité.

Nous avons des devoirs à remplir envers notre prochain : ce sont les devoirs de justice et de charité.

La justice consiste à ne faire aucun tort à notre prochain.

La charité consiste à aimer notre prochain et à lui faire tout le bien qu'il nous est possible.

Deux préceptes résument nos devoirs envers notre prochain :

Ne fais pas à autrui ce que tu ne voudrais pas qu'on te fît.
Fais à autrui ce que tu voudrais qu'on te fît.

50. Respect de la vie et de la liberté de notre prochain.

Nous devons à notre prochain le respect de sa vie, de sa liberté, de ses croyances, de son honneur et de ses biens.

La vie est le plus précieux des biens. La vie d'un homme est sacrée ; tuer un homme est un crime.

Le duel et la guerre sont des crimes.

La liberté consiste à pouvoir faire tout ce qui ne nuit pas à autrui.

La liberté est nécessaire à l'homme; nul n'a le droit de la lui enlever.

Autrefois il y avait des serfs et des esclaves : c'était une grande injustice.

Justice et charité. — Chacun a le droit d'exercer et de développer ses facultés tant spirituelles que corporelles, afin de pourvoir à ses besoins, d'améliorer sa condition. Est-ce qu'on peut justement retenir un pauvre être humain dans son ignorance et dans sa misère, dans son dénûment et son abaissement, lorsque ses efforts pour en sortir ne nuisent à personne, ou ne nuisent qu'à ceux qui fondent leur bien-être sur l'iniquité en le fondant sur le mal des autres.

Or ce qui est vrai de chacun est vrai de tous ; tous doivent vivre, tous doivent jouir d'une légitime liberté d'action. On doit donc mutuellement respecter le droit les uns des autres, et c'est là le commencement du devoir, la justice.

Mais la justice ne suffirait pas aux besoins de l'humanité. Un homme manquerait-il de pain, on dirait : qu'il en cherche. La veuve, l'orphelin, le malade, le faible seraient abandonnés. Nul appui réciproque, nul bon office désintéressé; partout l'égoïsme et l'indifférence. Or, nous avons tous besoin les uns des autres, de nous appuyer les uns sur les autres, comme les frêles tiges des champs. Une autre loi est donc nécessaire à la conservation du genre humain ; cette loi est la charité, la charité qui forme un seul corps vivant des membres épars de l'humanité.

(D'après Lamennais.)

Un proverbe arabe du XIIIe siècle disait : « Voulez-vous faire venir les pigeons, jetez des graines; voulez-vous attirer les hommes, semez la justice. »

Les Devoirs de l'homme envers son prochain.

49. Justice et charité.

Nous avons des devoirs à remplir envers notre prochain : ce sont les devoirs de justice et de charité.

La justice consiste à ne faire aucun tort à notre prochain, à respecter son droit.

Notre voisin pense autrement que nous, il fait ce qu'il veut, il emploie son argent et ses biens comme il le désire; nous le laissons libre dans ses actes : c'est de la justice.

La charité consiste à aimer notre prochain, à l'aider, à le secourir et à lui faire tout le bien qu'il nous est possible.

Un pauvre passe, nous lui faisons l'aumône; près de nous demeure une famille besogneuse, nous la secourons : voilà de la charité.

Nos devoirs envers nos semblables sont contenus dans deux préceptes :

Précepte de justice : Ne fais pas à autrui ce que tu ne voudrais pas qu'on te fît.

Précepte de charité : Fais à autrui ce que tu voudrais qu'on te fît.

50. Respect de la vie et de la liberté de notre prochain.

Nous devons à notre prochain le respect de sa vie, de sa liberté, de ses croyances, de son honneur et de ses biens.

La vie est le plus précieux des biens.

La vie d'un homme est chose sacrée. La loi morale s'oppose à ce que nous l'enlevions à notre prochain. L'assassinat, le duel, la guerre sont des crimes.

Quand un homme est attaqué par un autre, il a le droit de défendre sa vie en danger : c'est le cas de légitime défense.

La guerre est légitime lorsqu'elle a pour cause la défense de son pays envahi ou menacé par les étrangers. Telles furent les guerres de la Révolution.

La liberté consiste à pouvoir faire ce qui ne nuit pas à autrui. Elle comprend la liberté individuelle, la liberté de travail, la liberté de conscience, la liberté de la presse.

La liberté est nécessaire à l'homme, elle lui appartient au même titre que la vie, et nul n'a le droit de la lui enlever. Aucun homme n'a le droit de faire d'un autre homme un serf ou un esclave.

Le servage et l'esclavage existaient autrefois. Des hommes appartenaient à des maîtres et les servaient toute leur vie. Ils n'avaient aucun droit; ils étaient la chose du maître.

Le servage et l'esclavage étaient une grande injustice. La Révolution française les a abolis.

Ne disons pas de mal de notre prochain. Si nous le faisons, que ce soit par devoir, jamais par plaisir ni légèreté.

51. Respect des idées et des croyances de notre prochain. — La tolérance. — L'intolérance.

Tout homme a le droit de penser comme il le veut sur les choses de la politique ou de la religion.

Certaines personnes admettent que chaque individu peut avoir des idées qui lui sont propres : ces personnes sont tolérantes.

La tolérance est de la justice.

Il y a des gens qui voudraient forcer tout le monde à penser comme eux. Certains patrons obligent leurs ouvriers à agir contre leur conscience : ils sont intolérants.

L'intolérance est une injustice.

52. Respect de l'honneur de notre prochain. — La médisance. — La calomnie.

L'honneur est l'estime qu'on accorde au courage, à la vertu, aux talents.

L'estime de nos semblables est un bien précieux.

Nous manquons au respect de l'honneur de notre prochain par la médisance et la calomnie.

Médire c'est dire sans nécessité du mal de son prochain.

Calomnier c'est attribuer à quelqu'un une faute qu'il n'a pas commise.

La médisance et la calomnie sont des actes injustes.

La tolérance. — L'humanité, la conscience prescrivent la tolérance comme le premier devoir de tous et de chacun. La paix et la prospérité de la nation en dépendent. Le législateur clairvoyant l'inscrit dans les lois, le chef de l'État veille à son maintien. La liberté d'opinions, de conscience et de culte, est le seul moyen d'établir entre les hommes une véritable fraternité, un moyen excellent d'exciter leur activité à la recherche du vrai. Qui est intolérant est sot et méchant ; car où est l'homme qui est sûr de l'excellence de ses croyances, et d'où tient-il le droit qu'il s'arroge de persécuter ses semblables qui pensent autrement que lui ? Malheureusement il y a des gens que l'orgueil rend intolérants et fanatiques ; ils n'admettent pas qu'on puisse être vertueux dans une autre religion que celle qu'ils pratiquent, ou un parfait honnête homme en défendant des opinions politiques contraires aux leurs. Et ils usent des procédés les plus absurdes, quelquefois les plus inhumains, pour imposer leurs doctrines. Ils oublient, les insensés, qu'en violentant les consciences ils soulèvent contre eux la haine des opprimés et nuisent à la cause qu'ils prétendent servir.

Soyons tolérants ; si nous rencontrons des gens qui ne pensent pas comme nous, et si nous croyons qu'ils se trompent, essayons de les persuader par la douceur, la bonté, et des arguments justes et indiscutables.

Christophe Colomb découvre le Nouveau-Monde. Des jaloux et des envieux
le calomnient. On l'emprisonne et on pousse l'injustice jusqu'à lui enlever
l'honneur de donner son nom au continent qu'il a découvert.

52. Respect des idées et des croyances de notre prochain. —
La tolérance. — L'intolérance.

Tout homme a le droit de penser comme il le veut, d'avoir
l'opinion qu'il lui plaît sur les choses de la politique et de
la religion.

La tolérance est le respect des opinions politiques et religieuses d'autrui.

La tolérance est la manifestation la plus élevée de la
justice et la première des vertus sociales.

L'intolérance est le grave défaut des gens qui croient que
leurs opinions et leurs idées sont seules bonnes et qui voudraient empêcher les autres de penser autrement qu'eux.

Le fanatisme est l'intolérance en matière de religion pous-
sée à la dernière limite.

L'intolérance est née de l'orgueil et de l'ambition. Elle
viole la liberté de conscience d'autrui : c'est un crime.

Michel de l'Hôpital, garde des sceaux au xvi° siècle, a
donné le plus noble exemple de la tolérance. L'Edit de Nantes
est un acte de tolérance.

Les férocités de l'Inquisition, la Saint-Barthélemy, la
Révocation de l'Edit de Nantes : voilà de l'intolérance exé-
crable.

51. Respect de l'honneur de notre prochain. —
La médisance. — La calomnie.

L'honneur est l'estime qu'on accorde à la vertu, au courage ou aux talents.

L'estime de nos semblabes est un bien précieux. La pos-
session ou la perte de l'estime publique est la cause de nos
succès dans nos entreprises ou de notre ruine.

Nous manquons au respect que nous devons à l'honneur
de notre prochain par la médisance et la calomnie.

Médire c'est faire connaître sans justes raisons les défauts,
les vices ou les fautes de quelqu'un.

Calomnier c'est attribuer à quelqu'un une faute qu'il n'a
pas commise.

La médisance et la calomnie font un grave tort aux personnes qu'elles atteignent : ce sont des actes éminemment
injustes.

Il y a des paroles qui tuent ; veillez donc sur votre langue, et que jamais
elle ne soit souillée par la médisance et la calomnie.

(Lamennais.)

Le vol est une sorte d'attentat à la vie d'autrui.

53. Respect des biens de notre prochain. — Le vol.

Les choses que l'homme a acquises par son travail sont sa propriété.

Personne n'a le droit de s'emparer des biens de son prochain.

Voler c'est s'approprier le bien d'autrui.

Celui qui garde un objet qu'il a trouvé ;

Le marchand qui trompe l'acheteur sur le poids ou la qualité de la marchandise ;

Le fraudeur qui introduit des marchandises dans son pays sans acquitter les droits commettent des vols.

Le vol est un crime.

54. La charité.

Le mot charité veut dire bienfaisance.

La charité vient du cœur ; nous sommes charitables parce que nous aimons notre prochain.

L'Evangile dit : Aimons notre prochain comme nous-mêmes.

Faisons du bien à nos semblables autant que nous le pouvons ; secourons les malheureux et les infirmes.

Vincent de Paul, qui vivait au XVII° siècle, passa toute sa vie à soulager les malheureux. Honorons sa mémoire et soyons, à son exemple, aussi charitables que nous le pouvons.

La vraie charité. — Il ne s'agit point d'épuiser sa bourse et de verser l'argent à pleines mains : je n'ai jamais vu que l'argent fît aimer personne. Il ne faut être avare et dur, ni plaindre la misère qu'on peut soulager ; mais vous aurez beau ouvrir vos coffres, si vous n'ouvrez aussi votre cœur, celui des autres vous restera toujours fermé. C'est votre temps, ce sont vos soins, votre affection, c'est vous-même qu'il faut donner ; car, quoi que vous puissiez faire, on sent toujours que votre argent n'est point vous.

Raccommodez les gens qui se brouillent, prévenez les procès, portez les enfants au devoir, les pères à l'indulgence, empêchez les vexations, employez, prodiguez le crédit en faveur d'un faible à qui on refuse justice et que le puissant accable ; déclarez-vous hautement le protecteur des malheureux ; soyez juste, humain, bienfaisant. Ne faites pas seulement l'aumône, faites la charité ; les œuvres de miséricorde soulagent plus de maux que l'argent ; aimez les autres et ils vous aimeront.

(*J.-J. Rousseau.*)

Sois bon, aime les autres, fais-leur tout le bien que tu peux. Vincent de
aul fonde un hospice pour recueillir les enfants abandonnés, et en 1633 il
ée la compagnie des Sœurs de Charité pour soigner les pauvres malades.

53. — Respect des biens de notre prochain. — Expropriation. — Le vol.

Les choses que l'homme a acquises par son travail sont sa
ropriété.

« La propriété est un droit inviolable et sacré. » Personne
a le droit de s'emparer des biens de son prochain.

La loi permet à l'Etat, au département, à la commune
enlever sa propriété à un particulier lorsque l'intérêt
énéral l'exige, soit pour la construction d'une école ou d'un
onument public, soit pour l'assainissement d'une ville,
c. Dans ce cas le maître de la propriété est indemnisé.

Voler c'est s'approprier le bien d'autrui.

Celui qui garde un objet qu'il a trouvé ; le marchand qui
ompe l'acheteur sur le poids ou la qualité de la marchan-
se ; le fraudeur qui introduit des marchandises dans son
ays sans acquitter les droits, commettent des vols et sont
es voleurs.

Le vol est un crime contre l'individu et contre la société.

54. La Charité.

Le mot charité veut dire grâce et bienfaisance.

La justice est obligatoire : nous devons respecter le droit
notre prochain, et rendre à chacun ce qui lui est dû. Il
y a pas de loi qui nous oblige à pratiquer la charité. La
arité vient du cœur : nous sommes charitables parce que
us aimons notre prochain.

L'Evangile dit : Aimons notre prochain comme nous-
êmes.

Faisons du bien à notre prochain dans la mesure de nos
oyens. Secourons les infirmes, les estropiés, les disgraciés
la nature ; aidons les faibles.

Soyons charitables, non par vanité, ni dans l'espoir d'une
compense, mais par amour de nos semblables.

Tel donne à pleines mains qui n'oblige personne.
La façon de donner vaut mieux que ce qu'on donne.

(*Corneille.*)

Le savant Ampère était très généreux. Il donnait sans compter, au point de manquer quelquefois du nécessaire.

55. Comment on fait la charité.

On fait la charité en donnant aux pauvres des aliments, des vêtements, de l'argent, un abri, en leur procurant du travail, en donnant de bons conseils et des consolations aux malheureux, en recueillant des orphelins et en les instruisant.

Toute personne, riche ou pauvre, peut exercer la charité.

Il vaut mieux donner un bon conseil que de l'argent.

Un enfant peut être charitable en partageant son pain avec un camarade pauvre, en lui donnant un crayon, une plume, un cahier, etc.

Un enfant n'est pas charitable quand il taquine un camarade affligé, quand il se moque des vieillards, des infirmes.

56. Bienveillance.— Bienfaisance.— Générosité.—Dévouement

Leçon commune.

La charité se pratique sous plusieurs formes qui s'appellent : la bienveillance, la bienfaisance, la générosité, la clémence, le dévouement.

La bienveillance est la disposition à vouloir le bien d'autrui.

La bienfaisance est la disposition du cœur qui porte l'homme à faire du bien à son prochain.

La générosité est un dévouement aux intérêts des autres qui nous porte à leur sacrifier nos avantages personnels.

La clémence est la grandeur d'âme qui fait pardonner les injures. L'empereur romain Auguste accorda le pardon à Cinna qui avait comploté contre sa vie.

Le dévouement est une certaine ardeur qui nous fait nous sacrifier pour l'avantage des autres. Le dévouement accompli dans des circonstances brillantes s'appelle héroïsme.

Eustache de Saint-Pierre, Jeanne d'Arc, d'Assas ont fait preuve d'héroïsme.

La charité s'exerce encore sous forme d'aumône.

Un trait de charité de Fénelon. — Dans les dernières années du règne de Louis XIV, la France, malheureuse, avait été envahie par les étrangers, et les paysans étaient obligés de chercher un refuge dans les villes. Fénelon s'empressait de leur offrir un asile dans son palais de Cambrai.

Un soir, il vit un paysan qui ne mangeait point et qui paraissait profondément affligé. Fénelon vint s'asseoir à ses côtés pour le distraire; il lui dit qu'on attendait des troupes le lendemain, qu'on repousserait les ennemis et qu'il retournerait bientôt dans son village. « Je n'y retrouverai plus ma vache, répondit le paysan : ce pauvre animal me donnait beaucoup de lait et nourrissait mon père, ma femme et mes enfants. » Fénelon promit alors de lui donner une autre vache, si les soldats enlevaient la sienne. Mais, après avoir fait

Au XVIII' siècle de grands cœurs sont émus des misères du peuple et
élèvent des établissements de charité. Alors se fondent les hospices Beaujon,
Necker, Saint-Mery, La Rochefoucauld.

55. Comment on fait la charité.

On fait la charité en donnant aux pauvres des aliments,
des vêtements, de l'argent ; en leur procurant du travail,
en donnant de bons conseils ou des consolations aux malheureux, en recueillant les enfants abandonnés ou les orphelins et en les instruisant.

Toute personne, riche ou pauvre, peut donc être charitable.

Celui qui donne un bon conseil, un sage avertissement,
une instruction utile, donne plus que s'il donnait de l'or.

Un enfant peut être charitable : il peut partager son
pain avec un camarade pauvre, il peut lui prêter un livre,
lui donner un cahier, un crayon.

Un enfant qui se moque des infirmes, des vieillards,
d'un camarade affligé, et qui les taquine ou les surnomme,
manque de charité.

Vincent de Paul, Fénelon, Pestalozzi, le duc de Laroche-
foucauld-Liancourt, etc., ont donné l'exemple d'une grande
charité.

56. La générosité

La générosité est un dévouement aux intérêts des autres,
qui porte à leur sacrifier ses avantages personnels. En
général, au moment où l'on relâche de ses droits en faveur
de quelqu'un, et qu'on lui donne plus qu'on ne peut exiger,
on devient généreux. On peut donc regarder la générosité
comme le plus sublime de tous les sentiments, comme le
mobile de toutes les belles actions, et peut-être comme le
germe de toutes les vertus; car il y en a peu qui soient
essentiellement le sacrifice d'un intérêt personnel à un
intérêt étranger.

La générosité est de tous les états ; c'est la vertu dont la
pratique satisfait le plus l'amour-propre. Elle ne peut guère
avoir de plus beau motif que l'amour de la patrie et le
pardon des injures.

La libéralité n'est autre chose que la générosité restreinte à un objet
pécuniaire ; c'est cependant une grande vertu lorsqu'elle se propose le
soulagement des malheureux.   (*Voltaire.*)

---

d'inutiles efforts pour le consoler, il voulut avoir une indication précise
de la chaumière qu'habitait ce paysan à une lieue de Cambrai; il
partit ensuite à dix heures du soir à pied avec un seul domestique;
il se rendit à ce village, ramena lui-même la vache à Cambrai vers le
milieu de la nuit, alla sur-le-champ en donner avis à ce pauvre laboureur, et dut goûter un bien doux repos après une si bonne action.

                                                        (*Maury.*)

En 1830, Monthyon laisse aux pauvres de Paris une rente de 5.312.000 fr.

57. L'égoïste. — L'homme bienfaisant.

L'égoïste est l'homme qui ne pense qu'à lui.

Il ne travaille que pour lui, et il croit que le monde n'a été fait que pour le servir.

Voici la devise de l'égoïste: « Tout pour moi, le reste pour les autres. »

L'homme bienfaisant soulage les malheureux. Il consacre sa vie à faire du bien à son prochain.

Louis XV fut un grand égoïste; les avares sont des égoïstes. Valentin Haüy, l'abbé Sicard furent des hommes bienfaisants.

58. Dieu.

Le monde c'est la terre que nous habitons avec tous les êtres qu'elle produit et qu'elle porte, c'est le soleil, la lune et tous les astres. Il a fallu qu'un être le créât : ce créateur, c'est Dieu.

Le monde obéit à des lois, l'auteur de ces lois, c'est Dieu.

Il y a un Dieu, maître du monde, sa puissance et sa majesté sont infinies. « Il faut l'aimer, l'adorer et travailler à lui ressembler par la sainteté et la justice. »

(Platon.)

Tout annonce d'un Dieu l'éternelle existence ;
On ne peut le comprendre, on ne peut l'ignorer :
La voix de l'univers annonce sa puissance,
Et la voix de nos cœurs dit qu'il faut l'adorer.

(Voltaire.)

L'égoïste. — Gnathon ne vit que pour soi, et tous les hommes ensemble sont, à son égard, comme s'ils n'étaient point ; non content de remplir à table la première place, il occupe à lui seul celle de deux autres ; il oublie que le repas est pour lui et pour toute la compagnie ; il se rend maître du plat et fait son propre de chaque service ; il ne s'attache à aucun des mets qu'il n'ait achevé d'essayer de tous, tout à la fois ; il ne se sert à table que de ses mains, il manie les viandes, les remanie, déchire, démembre et en use, de manière, qu'il faut que les autres convives, s'ils veulent manger, mangent ses restes ; il ne leur épargne aucune de ces malpropretés dégoûtantes, capable d'ôter l'appétit aux plus affamés ; le jus et les sauces lui dégouttent du menton et de la barbe ; s'il enlève un ragoût de dessus un plat, il le répand en chemin dans un autre plat et sur la nappe, on le suit à la trace ; il mange haut et avec grand bruit, il roule les yeux en mangeant, la table est pour lui un ratelier, il écure ses dents et il continue à manger.

(La Bruyère.)

En 1830, Michel Brezin, ancien forgeron mécanicien enrichi, fonde à Paris, ospice de la Reconnaissance pour les vieux ouvriers.

57. L'égoïste. — L'homme bienfaisant.

L'égoïsme est le vice de l'homme qui ne pense qu'à soi. L'égoïste ne pense qu'à sa personne, à ses intérêts, à son onheur. Il n'aime personne et il croit que le monde n'a é fait que pour le servir.

L'égoïste est quelquefois un être malfaisant. Pour faire n bonheur, il fait le malheur des autres. Par exemple le ère de famille qui dépense au cabaret l'argent qui nourrait sa femme et ses enfants.

La devise de l'égoïste est celle-ci : « Tout pour moi, le ste pour les autres. »

L'homme bienfaisant vient en aide aux pauvres : il les ourrit, les recueille, les instruit, les soigne : il est humain.

Les avares sont des égoïstes. Les seigneurs qui firent la uerre de la Fronde étaient mus par l'égoïsme. Louis XV t un grand égoïste.

La France compte en foule les hommes bienfaisants : itons les noms de Valentin Haüy, l'abbé de l'Epée, Pinel, bbé Sicard, Monthyon, Michel Brezin, etc.

58. Dieu.

Le monde c'est la terre que nous habitons avec tous les res qu'elle produit et qu'elle porte, c'est le soleil, la lune tous les astres qui roulent dans l'espace. Ce monde n'a pu créer seul. Il a fallu qu'un être le créât : ce créateur est Dieu.

Le monde obéit à des lois ; or il n'y a point de lois sans gislateur : ce législateur c'est Dieu.

Nous avons des devoirs envers Dieu : nous devons imer et l'adorer.

Connaître Dieu et lui être reconnaissant « de l'existence ême et de la supériorité accordée à l'homme sur tous les tres êtres, c'est l'adorer »

« Obéir aux lois que Dieu a tracées et qui nous sont vélées par la raison, accomplir tous les devoirs sociaux et dividuels, voilà pour le sage la première manière d'adorer ieu. »

Il y a un Dieu maître du monde ; sa puissance et sa majesté sont infinies. Il faut l'aimer, l'adorer et travailler à lui ressembler par la sainteté et la stice. »   (*Platon.*)

59. Démonstration de l'existence de Dieu.

Si j'entre dans une maison, j'y vois des fondements de pierre solides, posés pour rendre l'édifice durable ; j'y vois des murs élevés, avec un toit qui empêche la pluie de pénétrer au dedans ; je remarque, au milieu, une place vide qu'on nomme une cour ; je rencontre un escalier dont les marches sont visiblement faites pour monter, des appartements dégagés les uns des autres pour la liberté des hommes qui logent dans cette maison, des chambres avec des portes pour y entrer, des serrures et des clefs pour fermer et pour ouvrir, des fenêtres par où la lumière entre, sans que le vent puisse entrer avec elle, une cheminée pour faire du feu sans être incommodé de la fumée, un lit pour se coucher, des chaises pour s'asseoir, une table pour manger, une écritoire pour écrire.

Jamais aucun homme sensé ne s'avisera de dire que cette maison, avec tous ses meubles, s'est bâtie et arrangée d'elle-même. L'ordre, la proportion, la symétrie, le dessein manifeste de tout l'ouvrage ne permettent point de l'attribuer à une cause aveugle, telle que le hasard.

L'ouvrage du monde entier a cent fois plus d'art, d'ordre, de proportion et de symétrie que tous les ouvrages les plus industrieux des hommes. Ce serait donc s'aveugler par obstination que de ne pas reconnaître la main toute-puissante qui a formé l'univers.

(Fénelon.)

RÉSUMÉS D'INSTRUCTION CIVIQUE

RÉSUMÉS D'INSTRUCTION CIVIQUE

PREMIER TRIMESTRE

COURS ÉLÉMENTAIRE

L'Etat.

1. Ce que c'est. — La France est un Etat.

Un Etat est une société qui obéit aux mêmes lois, reconnaît la même autorité.

Les 38 millions d'individus qui vivent sur le territoire français forment un Etat.

La Belgique, l'Allemagne, la Russie, l'Autriche, l'Italie, l'Angleterre sont des Etats de l'Europe.

Au lieu de Etat on dit aussi Puissance.

La France est un des grands Etats de l'Europe. Par son étendue, sa population, sa richesse, ses idées et son histoire, elle est au premier rang des nations.

Les lois.

2. Leur nécessité. — Leur sanction.

On appelle loi les règles faites pour un Etat.

Les lois sont nécessaires dans toute société pour protéger la vie, la liberté et les biens de chaque individu.

La loi dit comment les choses doivent être faites : elle prescrit.

La loi lie tous les citoyens, car les députés qui la font représentent la nation.

Ceux qui désobéissent aux lois sont punis par les tribunaux.

Un bon citoyen obéit aux lois.

Comment l'association est possible. — Aucune association n'est possible, aucune ne saurait prospérer si elle n'a pour base la confiance mutuelle, la probité, la conduite morale de ses membres, ainsi qu'une sage économie. L'injustice et la mauvaise foi, la paresse et l'intempérance, la dissoudraient immédiatement. Au lieu de produire l'unité d'action, elle deviendrait une cause permanente de discordes et d'inimitiés. La pratique rigoureuse du devoir est donc une condition indispensable de l'association. Bien plus : le devoir en est le principe générateur, elle naît de lui spontanément ; car, en réalité, qu'est-elle, sinon la fraternité même organisée pour atteindre plus sûrement et plus pleinement son but? Celui qui, n'aimant que soi, ne songe plus qu'à soi, avec qui s'associerait-il ?

Vous direz : Il est vrai, l'association serait un puissant remède à nos maux ; mais ceux qui profitent de nos maux en souffriront-ils le remède ? Ils jetteront leurs lois entre chacun de nous et ses frères.

Et moi je vous dis : Veuillez seulement, et les lois iniques disparaîtront soudain. Rien ne résiste à l'union du droit et du devoir.

(Lamennais.)

RÉSUMÉS D'INSTRUCTION CIVIQUE
PREMIER TRIMESTRE
COURS MOYEN

L'État.

1. Les hommes s'associent. Esprit des associations.

Un Etat est une association d'individus qui obéissent aux mêmes lois, reconnaissent la même autorité, et participent aux charges communes.

Les 38 millions d'individus qui vivent sur le territoire français forment un Etat : la France. La Belgique, l'Allemagne, la Russie, l'Autriche, l'Italie, l'Angleterre sont des Etats de l'Europe.

Les hommes s'associent et forment de grandes familles pour leur bien-être et leur sécurité.

Toute société a besoin d'ordre pour prospérer : il faut donc dans l'Etat une autorité respectée et obéie.

Dans un Etat chacun profitant des avantages de la communauté, doit donc participer à ses charges.

Au lieu de Etat on dit aussi Puissance.

La France est un des grands Etats de l'Europe. Par son étendue, sa population, son industrie, son commerce, ses savants, ses artistes, son histoire, ses idées, son attachement à la justice, elle est au premier rang des nations.

Les lois.

2. Leur nécessité. — Leur sanction.

On appelle lois les règles faites pour un Etat.

« La loi est l'expression de la volonté générale. Elle doit être la même pour tous, soit qu'elle protège, soit qu'elle punisse. » (Art. 6 *Droits de l'homme et du citoyen.*)

Les lois sont nécessaires dans toute société pour protéger la vie, la liberté et les biens de chaque individu.

La loi dit comment les choses doivent être faites : elle prescrit.

« La loi n'a le droit de défendre que les actions nuisibles à la société. Tout ce qui n'est pas défendu par la loi ne peut être empêché. » Art. 5 *Droits de l'homme et du citoyen.*)

La loi lie tous les citoyens, car les députés qui la font représentent la nation. Elle a une sanction : cela veut dire qu'elle édicte des peines contre ceux qui la violent.

« La loi ne doit établir que des peines strictement et évidemment nécessaires; et nul ne peut être puni qu'en vertu d'une loi établie et légalement appliquée. » (Art. 8 *Droits de l'homme et du cit.*)

Un bon citoyen obéit aux lois par respect et par patriotisme.

Le gouvernement républicain est supérieur et préférable au gouvernemen[t] monarchique.

3. Loi civiles. — Lois politiques.

Les lois d'un pays sont nombreuses. On les classe en deux catégories : les lois civiles et les lois politiques.

Les lois civiles règlent les rapports des citoyens entre eux

Ex : La loi qui oblige les enfants à recueillir leurs vieu[x] parents ; les lois qui règlent le mariage, les contrats, etc

Les lois politiques sont celles qui déterminent la forme d[u] gouvernement et qui règlent les rapports du gouvernemen[t] avec les individus :

Ex : Les lois sur l'instruction, sur l'impôt, sur le service militaire, etc. Les lois politiques qui déterminent la forme du gouvernement portent le nom de lois constitutionnelles

Le gouvernement actuel de la France a été établi par les lois constitutionnelles de 1875.

Les formes de gouvernement

4. République. — Monarchie.

Tous les états n'ont pas le même gouvernement. Le gou vernement de la France est une république, celui de l'Alle magne est une monarchie.

Il y a donc deux formes de gouvernement : la républiqu[e] et la monarchie.

La république est le gouvernement d'une nation par se[s] représentants.

La France, la Suisse, les Etats-Unis d'Amérique sont de[s] républiques.

La monarchie est le gouvernement d'une nation par u[n] monarque, roi ou empereur. Le monarque est quelquefoi[s] assisté par des assemblées élues.

L'Allemagne, la Russie, l'Italie, l'Angleterre sont de[s] monarchies.

Les habitants d'une république sont des citoyens ; ceu[x] d'une monarchie sont des sujets.

République. — Dans une république, il n'y a ni maître, ni sujets mais des citoyens. Les citoyens sont des hommes qui ont des devoir[s] à remplir en même temps qu'ils jouissent de droits. Les plus éclairé[s] et les plus sages d'entre eux commandent, surveillent, et dirigent le[s] affaires de tous. Le pouvoir qu'ils ont de commander, ils le reçoiven[t] du peuple qui les choisit librement. La nation renouvelle sa confiance à ceux de ses élus qui se signalent par leurs bons services ; elle l[a] retire aux incapables et aux ambitieux égoïstes. Et ainsi elle écart[e] des affaires tous ceux qui ne recherchaient les charges publiques qu[e] pour satisfaire leur égoïsme ou leur ambition, et s'assure le concours de[s] plus honnêtes et des plus zélés citoyens. La nation est donc maîtress[e] d'elle-même ; elle veille à sa propre sécurité, elle défend les intérêts et n'a plus rien à craindre des caprices, ni des passions, ni des vice[s] d'un souverain.

La loi est d'autant plus respectable dans les pays libres, qu'elle y est discutée et votée par des assemblées élues.

3. Lois civiles. — Lois politiques.

Les lois d'un pays sont nombreuses. On les classe en deux catégories selon leur objet : les lois civiles et les lois politiques.

Les lois civiles règlent les rapports des citoyens entre eux.

Ex : La loi qui oblige les enfants à recueillir leurs vieux parents, les lois qui règlent le mariage, les contrats, etc.

Les lois politiques sont celles qui déterminent la forme du gouvernement et qui règlent les rapports des pouvoirs publics entre eux et ceux du gouvernement avec les individus.

Ex : Les lois sur l'instruction, sur l'impôt, sur le service militaire, sur le suffrage universel, etc.

Les lois politiques qui déterminent la forme du gouvernement, le nombre des pouvoirs, leurs attributions et leurs rapports entre eux portent le nom spécial de lois constitutionnelles et forment la constitution de l'Etat.

Telles sont les lois constitutionnelles des 24 et 25 février et du 16 juillet 1875 qui régissent actuellement la France.

Les lois qui règlent les affaires de même nature forment le code.

On distingue le code civil, le code de procédure civile, le code d'instruction criminelle, le code pénal et les codes spéciaux : commercial, rural, forestier et de justice militaire.

Les formes du gouvernement.

4. République. — Monarchie.

On désigne par le mot gouvernement la réunion des pouvoirs législatif et exécutif qui régissent un Etat.

Il y a deux formes essentielles du gouvernement : la république et la monarchie.

La république est le gouvernement d'une nation par ses représentants librement élus.

Les fonctions gouvernementales sont exercées conformément aux lois constitutionnelles, par des ministres responsables et le chef de l'Etat.

On distingue la République unitaire (France) et la République fédérative (Suisse, Etats-Unis d'Amérique).

La monarchie est le gouvernement d'une nation par un monarque héréditaire, roi, empereur, tzar, sultan, etc.

On distingue la monarchie absolue comme en Russie et en Turquie et la monarchie constitutionnelle comme en Angleterre ou en Belgique. La monarchie absolue n'a pas de représentation nationale : le souverain est seul maître.

Les habitants d'une république sont des citoyens libres, égaux en droits et en devoirs. Les habitants d'une monarchie sont des sujets inégaux en droits et en devoirs ; ceux d'une monarchie absolue sont à la merci du souverain.

Dans l'Etat où le citoyen a le plus de droits il a aussi plus de devoirs.

Le citoyen français.

5. Ses droits et ses devoirs. — Nationalité française.

Les citoyens français ont des devoirs qui sont : obéir aux lois, s'instruire, payer l'impôt, accomplir le service militaire.

En retour ils ont des droits : ils jouissent de la liberté, ils prennent part aux affaires de la République.

Sont françaises les personnes qui sont nées de parents français, qui sont nées en France de parents inconnus, qui sont nées en France de parents étrangers et qui, à leur majorité, réclament la qualité de Français.

Les étrangers obtiennent la qualité de Français par la naturalisation.

Les droits garantis aux citoyens français.

6. Droits civils. — Droits politiques.

La loi nous garantit des droits civils et politiques.

Les droits civils sont : l'égalité civile, l'égalité devant la loi, la liberté individuelle, la liberté de conscience, la liberté de la presse, la liberté de commerce et du travail, le droit de propriété.

Les droits politiques sont : le droit d'être électeur, d'être élu, etc.

On perd ces droits en perdant la qualité de Français, et par la dégradation civique.

Par exemple, les citoyens qui ont été condamnés à plus de trois mois de prison pour vol, pour tromperie sur la marchandise, les commerçants qui ont fait faillite perdent leurs droits politiques.

Pièces à fournir pour obtenir la naturalisation. — 1° Demande sur papier timbré, contenant l'engagement de payer les droits de sceau (175 fr. 25) ou énumérant les titres à une remise; 2° Acte de naissance ou à défaut un acte de mariage, indiquant le lieu et la date de la naissance; 3° Actes de naissance ou acte de mariage des parents du postulant ; 4° Extrait du casier judiciaire français : 5° Justification des services militaires ; 6° Justification d'une résidence ininterrompue en France pendant les dix dernières années (pièces officielles ou ayant date certaine, baux, quittances de loyer, patentes, livret d'ouvrier, certificats de patron ou de propriétaires légalisés); 7° Actes de naissance des enfants mineurs; 8° Acte de mariage; 9° La naturalisation du mari ne profitant pas à la femme, celle-ci devra introduire une instance personnelle si elle désire recouvrer ou acquérir la qualité de française. A cet effet, si elle est originaire de France ou d'Alsace-Lorraine, elle aura à former une demande de réintégration, par application de l'art. 28 du Code civil. Si, au contraire, elle est d'origine étrangère, il lui suffira de signer la requête de son mari. Dans les deux hypothèses, elle devra produire ses actes de naissance et de mariage; 10° Acte de naissance de la mère du postulant. La demande est adressée au ministre.

On trouvera le modèle de ces requêtes au secrétariat de la mairie.

Le peuple fait l'Etat à son image, et la patrie sera pleine de santé et de force, si le caractère de ses enfants est sain et vigoureux.

Le citoyen français.

5. Ses droits et ses devoirs. — Nationalité française.

Les citoyens français ont des devoirs qui sont : obéir aux lois, s'instruire, payer l'impôt, accomplir le service militaire.

En retour ils exercent certains droits : ils jouissent de la liberté, ils prennent part aux affaires de la République, ils font les lois par leurs mandataires.

Un bon citoyen se rend digne de ses droits par le soin qu'il prend de s'instruire de ses devoirs et l'empressement qu'il met à s'en acquitter.

Sont considérées comme Françaises : 1° les personnes qui sont nées en France et à l'étranger de parents français ; 2° les personnes qui sont nées en France de parents inconnus ; 3° les personnes qui sont nées en France de parents étrangers et qui réclament la qualité de Français dans l'année qui suit leur majorité ; 4° les personnes nées en France d'un père étranger et d'une mère française.

Les étrangers peuvent obtenir la qualité de Français par la naturalisation.

La naturalisation est l'acte par lequel on accorde aux étrangers les droits et les privilèges dont jouissent les Français.

Les droits garantis aux citoyens français.

6. Droits civils. — Droits politiques.

La loi garantit des droits civils et politiques aux citoyens français.

Les droits civils sont : l'égalité civile, l'égalité devant la loi, l'admissibilité à tous les emplois, la liberté individuelle, la liberté de conscience et des cultes, la liberté de la parole et de la presse, la liberté de commerce et de travail, le droit de propriété.

On perd ces droits en perdant la qualité de Français, et par suite de certaines condamnations judiciaires.

Par les droits politiques les citoyens participent à l'exercice de la puissance publique : ils ont le droit d'être électeurs, d'être élus, et ainsi ils votent l'impôt, ils font les lois, etc.

On perd ces droits en perdant la qualité de Français, et par suite de la condamnation à certaines peines afflictives ou infamantes, et par la dégradation civique.

Sont privés de leurs droits politiques : 1° ceux qui ont été condamnés à trois mois de prison au moins pour vol, abus de confiance, attentat aux mœurs, vente de boissons falsifiées, tromperie sur la marchandise ; ceux qui ont été condamnés à des peines infamantes ; 2° les interdits ; 3° les faillis non réhabilités.

Tous les hommes naissent égaux et par conséquent indépendants les uns des autres; nul, en venant au monde, n'apporte avec soi le droit de commander.

(Lamennais.)

7. Egalité civile et politique. — Liberté individuelle.

Tous les Français jouissent de l'égalité civile, c'est-à-dire qu'ils sont égaux en droits.

Ils jouissent aussi de l'égalité politique, c'est-à-dire que la loi est la même pour tous les Français.

« Les hommes naissent et demeurent libres et égaux en droits. Tous les citoyens étant égaux devant la loi sont également admissibles aux places et emplois publics. »

La liberté consiste à pouvoir faire tout ce qui ne nuit pas à autrui.

Tous les Français jouissent de la liberté individuelle, c'est-à-dire qu'ils peuvent faire ce qu'ils veulent, pourvu qu'ils respectent les lois.

Ils ne peuvent être arrêtés et mis en prison que s'ils ont fait quelque mauvaise action punie par la loi.

8. Liberté de conscience. — Liberté de la presse.

La liberté de conscience est le droit qu'a tout citoyen français de choisir et de pratiquer la religion qu'il lui plaît ou de n'en pratiquer aucune.

Un Français peut donc être catholique ou protestant, ou juif, ou musulman, ou libre-penseur.

« Nul ne peut être inquiété pour ses opinions religieuses. »

La liberté de la parole et de la presse est le droit qu'a tout citoyen français de pouvoir exprimer librement ses idées par la parole ou au moyen des journaux et des livres.

« La libre communication des pensées est un des droits les plus précieux de l'homme. »

Ceux qui se servent de la parole ou des journaux pour exciter les gens à la révolte ou au vol sont sévèrement punis.

Liberté de conscience. — La liberté de conscience est encore une conquête de la Révolution. Autrefois le peuple recevait son Credo de l'Eglise. Qui avait l'audace de penser autrement qu'elle s'exposait à la persécution. Les rois, les princes, pour mieux dominer leurs sujets, lui prêtaient le concours de leur puissance. François Iᵉʳ laissa massacrer les Vaudois. Henri II fit exécuter Dubourg qui avait soutenu que l'homme est libre d'adopter la religion qu'il préfère. Le fanatisme des Guises suscita un demi-siècle de guerres intestines et cruelles. C'est en vain que le noble l'Hôpital réclama la liberté de conscience : on ne voulut pas l'entendre. Henri IV, esprit supérieur, sage et tolérant, dans une pensée élevée et bienfaisante avait accordé aux Réformés cette fameuse liberté que le despote Louis XIV leur enleva un siècle plus tard. Les persécutions contre les protestants se renouvelèrent au xviiiᵉ siècle, toujours suscitées par l'esprit haineux des Jésuites. Il n'a fallu rien moins qu'un immense bouleversement, la Révolution de 1789, pour que le citoyen français pût jouir de la liberté de conscience, « la première et la plus indispensable de toutes les libertés, le premier et le plus inviolable de tous les droits ».

La liberté, patrimoine imprescriptible de l'humanité, est la source des
ntiments d'honneur et de dignité.　　　　　　　　　　　　D' D.

7. Egalité civile et politique. — Liberté individuelle.

Tous les citoyens français jouissent de l'égalité civile et
l'égalité politique.

Par égalité civile on entend que tous les Français sont
aux en droits.

Par égalité politique on veut dire que la loi est la même
ur tous les Français.

« Les hommes naissent et demeurent libres et égaux en
oits. »

« Tous les citoyens étant égaux devant la loi, sont également
ent admissibles à toutes les dignités, places et emplois
blics, selon leur capacité et sans autre distinction que
lle de leurs vertus et de leurs talents. » (Art. 6 *Droits de
omme et du citoyen*.)

« La liberté consiste à pouvoir faire tout ce qui ne nuit
s à autrui : ainsi l'exercice des droits naturels de chaque
mme n'a de bornes que celles qui assurent aux autres
embres de la société la jouissance de ces mêmes droits. »

Tout citoyen français jouit de la liberté individuelle,
st-à-dire qu'il peut disposer de son individu comme il
ut, pourvu qu'il respecte la liberté de son prochain et
'il obéisse aux lois.

« Nul homme ne peut être accusé, arrêté ni détenu que
ns les cas déterminés par la loi, et selon les formes qu'elle
prescrites. » (Art. 7 *Droits de l'homme et du citoyen*.)

**8. Liberté de conscience. — Liberté de la parole et de
la presse.**

La liberté de conscience est le droit qu'a tout citoyen
nçais de choisir et de pratiquer la religion qu'il lui plaît,
de n'en pratiquer aucune.

Un Français peut donc être catholique ou protestant ou
if ou libre-penseur.

« Nul ne doit être inquiété par ses opinions, même reli-
euses, pourvu que leur manifestation ne trouble pas l'or-
e public établi par la loi. » (Art. 20 *Droits de l'homme et
 citoyen*.)

La liberté de la parole et de la presse est le droit qu'a
ut citoyen français de pouvoir exprimer publiquement
s idées, ses opinions, par la parole ou au moyen des
urnaux et des livres.

« La libre communication des pensées et des opinions est
 des droits les plus précieux de l'homme ; tout citoyen
ut donc parler, écrire, imprimer librement, sauf à répon-
e de l'abus de cette liberté dans les cas déterminés par la
i. » (Art. 11 *Droits de l'homme et du citoyen*.)

Il n'est permis à personne d'user de la liberté de la parole
de la presse pour exciter au vol, au pillage, à la révolte.

Les monarchies restreignent les droits du peuple; la République les étend.

9. Liberté de travail et de commerce. — Droit de propriété.

Tout homme est libre de choisir son métier : c'est ce qu'on appelle la liberté du travail.

Tout homme a le droit d'acheter les objets qui lui sont nécessaires, où et à qui il veut. Tout marchand a le droit de vendre sa marchandise au prix qu'il veut : c'est la liberté de commerce.

Sous l'ancien régime le travail et le commerce étaient réglementés par les maîtrises et les jurandes. La Révolution a proclamé la liberté du travail et du commerce.

Le droit de propriété est le droit qu'a tout individu de posséder.

La propriété est inviolable.

10. Droit d'être électeur, élu, de voter l'impôt, etc.

Tout citoyen français est électeur, c'est-à-dire qu'il choisit et élit les hommes qui sont chargés de diriger les affaires publiques.

Tout citoyen français est éligible, c'est-à-dire qu'il peut être choisi par ses concitoyens pour faire partie des conseils ou assemblées qui traitent les affaires publiques.

On est électeur à 21 ans révolus et éligible à 25 ans.

Les députés et les sénateurs votent chaque année le budget de l'Etat; ils font aussi les lois. Comme ils sont les représentants des citoyens, on peut dire que les citoyens eux-mêmes votent le budget ou font les lois.

Le vote. — La Révolution a fait de nous des hommes en faisant de nous des électeurs ; elle nous a ouvert la voie des réformes et des progrès pacifiques, elle a introduit la nation au cœur même de tous les pouvoirs : la commune, le département, l'Etat ; la loi est entre ses mains. Quels abus dont elle ne puisse se défaire avec le temps ? Quelles améliorations légitimes qu'il ne lui soit permis d'accomplir ? Elle possède l'intelligence qui conçoit et qui décide, et la puissance et le bras qui réalisent. Politiquement que veut-elle de plus ? Le scrutin s'explique ; il dit un mot, et ce mot devient le mot d'ordre et de la liberté. Votez donc, mes amis, votez avec courage, avec conscience, avec persévérance, avec calme; vous avez tort aujourd'hui, mais vous aurez raison demain, et vous l'aurez alors à tout jamais. Ce n'est pas le législateur, disait Sieyès, qui tient les clés de la liberté, c'est le citoyen. Allez, votez ; ce petit bulletin, cet insignifiant papier dont vous négligez quelquefois de vous servir, savez-vous ce qu'il contient ? l'avenir, le salut, la dignité, la prospérité de la France. (*D'après Th. Dufour.*)

Expropriation. — Un champ est nécessaire pour établir une route, un canal, une construction d'intérêt général; dans une ville il faut abattre des maisons pour percer de nouvelles rues et assainir. Alors l'Administration achète ces immeubles. Si leurs propriétaires ne veulent pas les vendre à l'amiable, une loi ou un décret déclare l'utilité de l'acquisition, et le tribunal de l'arrondissement prononce la dépossession des propriétaires : c'est l'expropriation. La valeur des immeubles est fixée par un jury spécial.

La propriété est la base de la sécurité et de la prospérité des nations.

Liberté du travail et du commerce. — Droit de propriété.

Tout homme est libre d'exercer le métier qui convient le
ieux à ses goûts et à ses capacités ; c'est ce qu'on appelle
liberté du travail.
Tout homme a le droit d'acheter les objets qui lui sont
cessaires où il veut et à qui il veut. De même tout homme
le droit de vendre ses marchandises au prix qu'il juge
meilleur ; acheteur et vendeur débattent le prix libre-
ent ; c'est la liberté de commerce.
Sous l'ancien régime le travail et le commerce étaient
ganisés en corporations soumises aux jurandes et aux
aîtrises. La Révolution a proclamé la liberté du travail et
commerce.
Par droit de propriété on entend le droit qu'a tout citoyen
« jouir et de disposer des choses de la manière la plus
solue » (Code).
« La propriété étant un droit inviolable et sacré, nul ne
ut en être privé si ce n'est que lorsque la nécessité
blique, légalement constatée, l'exige évidemment et sous
condition d'une juste et préalable indemnité. » Art. 17,
de l'II. et du C.)
Respectons la propriété ; la détruire serait détruire toute
ciété et toute civilisation.

10. Droit d'être électeur, élu, de voter l'impôt, etc.

Tout citoyen français est électeur, c'est-à-dire qu'il par-
ipe au choix et à l'élection des citoyens qui sont chargés
tudier ou de gérer les affaires publiques.
Tout citoyen français est éligible, c'est-à-dire qu'il peut
e choisi par ses concitoyens pour faire partie des conseils
assemblées qui délibèrent sur les affaires publiques.
Les Français sont électeurs à 21 ans révolus et éligibles
5 ans. (40 ans pour faire partie du Sénat.)
Les députés et les sénateurs votent chaque année le
dget de l'Etat. Comme ils sont les représentants de tous
citoyens français, on peut dire que le budget est voté
r les citoyens eux-mêmes.
Tous les citoyens ont le droit de constater par eux-mêmes
par leurs représentants, la nécessité de la contribution
blique, de la consentir librement, d'en suivre l'emploi et
n déterminer la quotité, l'assiette, le recouvrement et la
rée. (Art. 14 D. de l'II. et du C.)
Les députés et les sénateurs confectionnent les lois. Ils
nnent ce pouvoir de la nation qu'ils représentent et dont
connaissent les besoins, les désirs, les volontés ; la nation
ière concourt donc à l'élaboration des lois.

Liberté, égalité, fraternité.

Enfants, gravez cette devise au fond de votre cœur, et inspirez-vous t[oujours?] des fières idées et des grands sentiments qu'elle exprime.

11. Souveraineté nationale.

Autrefois la France était gouvernée par un roi. Ce [roi] était maître absolu de ses sujets et de leurs biens, et go[u]vernait selon « *son bon plaisir.* »

La Révolution abolit la royauté et déclara que la nati[on] seule a le droit de se gouverner.

Le droit qu'a la nation de se gouverner, de faire ses lo[is], de choisir ses chefs, s'appelle souveraineté nationale.

« Le principe de toute souveraineté réside essentielleme[nt] dans la nation. » *(Droits de l'homme et du citoyen.)*

Le droit de régler les affaires publiques appartient à [la] nation tout entière. C'est ce qu'on veut dire par ces mot[s] : la France est une et indivisible.

12. Liberté, égalité, fraternité.

Avant 1889 la France était soumise au caprice du souv[e]rain.

Il n'y avait de liberté pour personne : le roi régnait [en] maître absolu.

Il n'y avait pas d'égalité : la nation était divisée en tr[ois] classes, le clergé, la noblesse et le tiers-état ou le peupl[e]. Celui-ci seul travaillait et payait l'impôt. Les nobles et l[es] membres du clergé jouissaient de nombreux avantages [et] privilèges.

Il n'y avait pas de fraternité : le peuple n'aimait pas l[es] privilégiés, parce qu'il les considérait comme les auteurs [de] tous ses maux.

La Révolution a détruit la vieille société française q[ui] était injuste, et en a fondé une nouvelle basée sur la ju[s]tice ; sa devise est :

LIBERTÉ, ÉGALITÉ, FRATERNITÉ.

Elle nous dit que nous sommes des Français libres [et] égaux devant la loi et que nous devons tous nous aimer [et] nous aider.

La Révolution française de 1789 a eu la gloire de reconnaître et [de] proclamer les droits qui sont inscrits dans la célèbre DÉCLARATION D[ES] DROITS DE L'HOMME ET DU CITOYEN.

Un pays qui est maître de ses destinées, qui a conscience de ce qu'il vaut
de ce qu'il peut, s'honore en affirmant son amour de la paix et sa volonté
se consacrer tout entier à des œuvres de liberté, de justice et de fra-
nité.
(C. Périer.)

Souveraineté nationale — La France est une et indivisible

Autrefois la France était gouvernée par un roi. Ce roi
ait tout puissant, maître absolu de ses sujets et de leurs
iens, et gouvernait selon « *son bon plaisir* ».

Louis XIV disait : « Le roi représente la nation tout
itière ; par conséquent, toute autorité réside dans les
ains du roi, et il ne peut y en avoir d'autre dans le
yaume que celle qu'il établit. »

La Révolution française a aboli la royauté et a déclaré
ie « le principe de toute souveraineté réside essentielle-
ent dans la nation. »

Le droit qu'à la nation de faire ses lois, de choisir et de
imposer des chefs, de gérer elle-même ses intérêts s'ap-
lle souveraineté nationale.

Le droit de régler les affaires publiques appartient à la
tion tout entière. C'est ce qu'on veut dire par ces mots :
France est une et indivisible.

12. Liberté, égalité, fraternité

Avant 1789 la France était soumise aux caprices du sou-
rain.

Il n'y avait de liberté pour personne ; le roi, de « droit
vin » régnait en maître absolu et « tout homme né sujet
vait obéir sans discernement. »

Il n'y avait pas d'égalité. La nation française était divisée
trois classes : le clergé, la noblesse, le tiers-état ou le
uple. Celui-ci seul travaillait et payait l'impôt ; les pre-
iers jouissaient des honneurs, des richesses, d'une foule
privilèges,

Il n'y avait pas de fraternité. Le peuple n'aimait pas les
ivilégiés parce qu'il les considérait comme les auteurs de
misère et de son infériorité.

La Révolution a détruit la vieille et inique société fran-
ise et en a fondé une nouvelle basée sur la justice et dont
devise est : LIBERTÉ, ÉGALITÉ, FRATERNITÉ.

Ces trois mots résument les droits et les devoirs des
toyens.

Liberté signifie que nous sommes maîtres de nos actes et
nos pensées tant qu'ils ne nuisent pas à autrui.

Egalité signifie que nous avons tous les mêmes droits et
s mêmes devoirs.

Fraternité signifie que faisant tous partie de la même
mille, la Patrie, nous devons nous aimer, nous aider et
us secourir.

L'obéissance aux lois se confond avec le respect de la justice elle-même

Les devoirs des citoyens français.

13. Obéissance aux lois.

En retour de sa protection la Patrie nous impose l'obéissance aux lois, et, en particulier, le devoir de nous instruire, le service militaire, le payement de l'impôt.

Obéir aux lois de son pays est le premier devoir du citoyen.

Toute désobéissance à la loi est punie.

Le bon citoyen comprend que les lois sont nécessaires dans un Etat et s'y soumet sans se plaindre.

Il respecte également les hommes qui représentent les lois et qui les font exécuter.

14. Obligation scolaire.

La loi du 28 mars 1882 a rendu l'instruction primaire obligatoire en France pour les enfants âgés de 6 ans à 13 ans révolus.

Aujourd'hui aucun Français n'a donc plus le droit de rester ignorant.

Cette loi est excellente. En obligeant tous les Français à s'instruire, elle les rend plus capables de gagner leur pain, et plus utiles à la société.

Une commission scolaire est instituée dans chaque commune pour surveiller et encourager la fréquentation des écoles.

Toute personne qui néglige d'envoyer ses enfants à l'école est réprimandée une première fois puis punie d'une amende et même de prison.

Loi du 28 mars 1882 relative à l'obligation de l'enseignement primaire.

Art. 10. — Lorsqu'un enfant manque momentanément l'école, les parents ou les personnes responsables doivent faire connaître au directeur où à la directrice les motifs de son absence.

Art. 12. — Lorsqu'un enfant se sera absenté de l'école quatre fois dans le mois, pendant au moins une demi journée, sans justification admise par la commission municipale scolaire le père, le tuteur ou la personne responsable, sera invité, à comparaître dans la salle des actes de la mairie, devant la dite commission, qui lui rappellera le texte de la loi et lui expliquera son devoir.

En cas de non comparution, sans justification admise, la commission appliquera la peine énoncée dans l'article suivant.

Art. 13. — En cas de récidive dans les douze mois qui suivront la première réinfraction, la commission municipale scolaire ordonnera l'inscription pendant quinze jours ou un mois à la porte de la mairie des nom, prénoms et qualités de la personne responsable, avec indication du fait relevé contre elle. La même peine sera appliquée aux personnes qui n'auront pas obtempéré aux prescriptions de l'art. 12.

Tout Français doit avoir pour but : obéir aux lois de son pays, vivre selon l'honneur, pratiquer la justice, aimer son semblable.

Les devoirs des citoyens français.

13. Obéissance aux lois.

En retour de sa protection, des avantages et des droits qu'elle nous assure, la Patrie nous impose l'obéissance aux lois et en particulier le devoir de nous instruire, le service militaire, le payement de l'impôt.

Obéir aux lois de son pays est le premier devoir du citoyen. La société ne pourrait subsister si les citoyens refusaient l'obéissance à ses lois.

Toute désobéissance à la loi est punie.

Le bon citoyen comprend que les lois sont nécessaires dans un État et qu'elles sont faites pour l'avantage de tous et de chacun : il s'y soumet sans récriminer ; il respecte également toutes les autorités.

On désigne par le mot autorités les agents qui représentent les lois et les font exécuter.

Ex : Socrate a poussé jusqu'à l'héroïsme son respect pour les lois. Condamné à mort pour un crime imaginaire, il aima mieux mourir que de désobéir aux lois de sa patrie.

14. Obligation scolaire.

La loi du 28 mars 1882 a rendu l'instruction obligatoire en France.

« L'instruction primaire est obligatoire pour les enfants des deux sexes âgés de 6 ans révolus à 13 ans révolus ; elle peut être donnée soit dans les établissements d'instruction primaire, soit dans les familles.

Aujourd'hui aucun Français n'a donc plus le droit de rester ignorant.

Cette loi est excellente. Elle sauvegarde les droits de l'enfant. Désormais tout Français sera instruit s'il fréquente assidûment l'école et s'il y travaille. D'autre part, en obligeant tous les Français à s'instruire, elle les rend plus aptes à gagner leur pain, plus utiles à la société, et favorise le développement du progrès et du bien-être social.

Une commission municipale scolaire est instituée dans chaque commune, pour surveiller et encourager la fréquentation des écoles.

Toute personne qui enfreint la loi de 1882 est réprimandée une première fois. En cas de récidive elle peut être punie d'une amende de 11 à 15 francs ou d'une peine de prison de jours au plus.

La loi a établi dans chaque commune une caisse des écoles dont le but est de secourir les enfants indigents.

Dans un pays où tout le monde vote, tout le monde doit savoir li
écrire.

15. Le travail à l'école.

Les petits Français ne sont pas seulement obligés d'a
à l'école, ils doivent aussi y travailler.

C'est pour contrôler leur travail qu'on a institué le ce
ficat d'études primaires.

Le certificat d'études primaires se décerne aux enfa
qui connaissent les sciences enseignées à l'école.

Pour obtenir ce diplôme les enfants âgés de 11 ans
moins subissent un examen public devant une commiss

Le certificat d'études primaires est un titre d'honneur
tous les enfants devraient posséder en quittant l'école.

L'enseignement public en France.

16. Enseignement primaire.

L'enseignement public en France comprend trois degr
1° l'enseignement primaire, 2° l'enseignement seconda
3° l'enseignement supérieur.

L'enseignement primaire est donné dans les écoles ma
nelles, dans les écoles primaires élémentaires, dans les éc
primaires supérieures et les écoles professionnelles, dans
écoles normales.

L'enseignement primaire comprend :

La lecture et l'écriture ; la langue française ; la géog
phie et l'histoire de la France ; des notions de sciences na
relles, physiques et mathématiques et leurs application
l'agriculture, à l'hygiène ; le dessin, la musique, la gy
nastique, et la couture pour les filles.

Les élèves qui travaillent bien reçoivent le certifi
d'études primaires élémentaires ou supérieures ; les ins
tuteurs et les institutrices ont le brevet élémentaire o
brevet supérieur.

Loi du 28 mars 1892 *(suite)*.

Art. 14. — En cas d'une nouvelle récidive, la commission scol
ou, à son défaut, l'inspecteur primaire devra adresser une plainte
juge de paix. L'infraction sera considérée comme une contravent
pourra entraîner condamnation aux peines de police conformém
aux art. 479, 480 et suivants du code pénal. L'art. 463 du même c
est applicable.

Art. 16. — Les enfants qui reçoivent l'instruction dans la fam
doivent, chaque année d'instruction obligatoire, subir un examen
porte sur les matières de l'enseignement correspondant à leur
dans les écoles publiques.

Si l'examen de l'enfant est jugé insuffisant et qu'aucune excuse
soit admise par le jury, les parents sont mis en demeure d'envo
leur enfant dans une école publique ou privée dans la huitaine de
notification et de faire savoir au maire quelle école ils ont choisie

En cas de non déclaration, l'inscription aura lieu d'office.

'école lutte contre l'ignorance sous toutes ses formes, contre la misère
ellectuelle et contre la superstition.

15. Le travail à l'école.

Pour obéir à la loi il ne suffit pas aux petits Français de
équenter l'école, il faut aussi qu'ils y travaillent.

La loi du 28 mars 1882 a institué le certificat d'études
imaires. C'est un diplôme qu'on décerne après un examen
blic, aux enfants âgés de 11 ans au moins, et qui ont fait
euve de connaissances suffisantes.

L'examen comprend des épreuves écrites et des épreuves
ales. Les épreuves écrites se composent d'une dictée d'or-
ographe qui sert aussi d'épreuve d'écriture, de deux
estions d'arithmétique, d'une rédaction d'un genre sim-
e, et d'un travail de couture pour les jeunes filles. Les
reuves orales sont : la lecture expliquée, l'analyse d'une
rase, les éléments de l'histoire et de la géographie de la
ance, la récitation d'un morceau choisi. L'examen peut
outre comprendre un exercice de dessin linéaire et des
terrogations sur l'agriculture.

Les enfants qui « à partir de onze ans auront obtenu le
rtificat d'études primaires, seront dispensés du temps de
olarité obligatoire qui leur restait à passer. »

Le certificat d'études primaires est un titre d'honneur que
us les enfants devraient posséder en quittant l'école.

L'enseignement public en France.

16. Enseignement primaire.

L'enseignement est public ou privé. Il comprend trois
egrés : 1° l'enseignement primaire, 2° l'enseignement se-
ondaire, 3° l'enseignement supérieur.

L'enseignement primaire est donné dans les écoles mater-
elles jusqu'à 6 ans, dans les écoles primaires élémentaires
e 6 à 13 ans, dans les écoles primaires supérieures et les
oles professionnelles au-dessus de 13 ans, dans les écoles
ormales primaires qui forment des instituteurs et des insti-
itrices, dans les écoles normales supérieures qui préparent
es professeurs pour l'enseignement primaire supérieur.

L'enseignement primaire comprend :

L'instruction morale et civique ; la lecture et l'écriture ; la langue et
s éléments de la littérature française ; la géographie et l'histoire,
articulièrement celle de la France, des notions usuelles de droit et
'économie politique ; les éléments des sciences naturelles, physiques
t mathématiques appliquées à l'agriculture, à l'hygiène, aux arts in-
ustriels ; le travail manuel et l'usage des outils des principaux
étiers ; les éléments du dessin, du modelage et de la musique ; la
ymnastique ; pour les filles les travaux à l'aiguille.

Les diplômes d'instruction primaire sont : les certificats d'études
rimaires élémentaires et supérieures, les brevets élémentaires et supé-
ieurs, le certificat d'aptitude pédagogique, les diplômes de professeurs
t d'inspecteurs.

L'instruction permet au citoyen de mieux diriger son vote et de ch
les meilleurs administrateurs.

17. Enseignement secondaire et supérieur.

L'enseignement secondaire est donné dans les lycée
dans les collèges.

Il comprend : les lettres, les sciences et les lang
étrangères : latin, grec, anglais, allemand, italien, etc.

Le diplôme de l'enseignement secondaire est le ba
lauréat.

L'enseignement supérieur est donné dans les facultés

Il existe des facultés des lettres, des sciences, de dr
de médecine, de pharmacie à Paris, à Montpellier, à Nan
à Lille, etc. Elles préparent des professeurs, des médec
des pharmaciens, des juges.

Il y a aussi les grandes écoles, comme l'Ecole polyte
nique, l'Ecole navale, les écoles d'agriculture, l'Ecole
Beaux-Arts, le Conservatoire de musique, etc.

18. Les fonctionnaires de l'enseignement primaire.

Les fonctionnaires de l'enseignement primaire sont
personnes qui donnent ou surveillent cet enseignement.

L'enseignement est donné par les institutrices, dans
écoles maternelles, les instituteurs et les institutrices d
les écoles primaires élémentaires, les directeurs, les di
trices, les professeurs dans les écoles primaires, su
rieures, les écoles professionnelles et les écoles normale

Les écoles sont surveillées par les délégués cantona
les inspecteurs primaires et d'académie, les recteurs.

Le préfet nomme les instituteurs, les institutrices et
délégués cantonaux. Le ministre de l'instruction publi
nomme les autres fonctionnaires.

Etablissements d'instruction publique faisant suite
l'école primaire. — Les principales écoles où peuvent entrer
élèves en sortant des écoles primaires sont : Les écoles prima
supérieures ; les collèges et les lycées où les études sont plus élevé
les écoles normales primaires où se forment les instituteurs et
institutrices ; les lycées pour les jeunes filles ; les fermes-écoles,
ont pour objet de former d'habiles cultivateurs ; les écoles d'agri
ture de Grignon (Seine-et-Oise), de Grand-Jouan (Loire-Inférieure)
Montpellier (Hérault) ; l'école des maîtres-ouvriers mineurs d'A
'Gard) et de Douai (Nord), où l'on forme des contremaîtres de min
l'école des mineurs à Saint-Etienne (Loire), où l'on forme des directe
d'exploitations, de mines et d'usines relatives au fer ; les écoles d'a
et métiers de Châlons-sur-Marne, d'Angers (Maine-et-Loire), d'
(Bouches-du-Rhône, où l'on forme des chefs d'atelier et des ouvri
habiles pour les industries où l'on travaille le fer et le bois ; les éco
vétérinaires d'Alfort (près Paris) de Toulouse et de Lyon ; les éco
des Beaux-Arts à Paris, à Lyon, à Dijon, à Toulouse qui forment
peintres, des sculpteurs, des architectes, des graveurs. L'admission
ces écoles se fait par voie de concours ; on accorde des bourses
demi-bourses aux enfants travailleurs et peu fortunés.

us une nation est instruite, plus sa sécurité intérieure est assurée.

17. Enseignement secondaire et supérieur.

L'enseignement secondaire est donné dans les lycées et
ns les collèges
Il comprend les lettres, les sciences et les langues étran-
res : latin, grec, anglais, allemand, italien, etc., et se
vise en enseignement secondaire classique et enseigne-
ent secondaire moderne,
Le diplôme de l'enseignement secondaire est le bacca-
uréat.
L'enseignement supérieur est donné dans les facultés et
ns plusieurs établissements tels que l'Ecole normale
périeure, la Sorbonne.
Il existe des facultés des lettres, des sciences, de droit, de
édecine, de pharmacie à Paris, Lyon, Marseille, Bordeaux,
ulouse, Montpellier, Nancy, Lille, etc.
Elles préparent des professeurs, des médecins, des phar-
aciens, des juges, des avocats. Elles délivrent les grades
licencié, de docteur ou d'agrégé. L'enseignement supé-
ur est également donné dans les grandes écoles qui sont :
Les écoles où l'on enseigne la science militaire : Ecole
lytechnique, Ecole militaire de Saint-Cyr,, Ecole militaire,
ole navale, Ecole supérieure de guerre, etc. 2° Les écoles
l'on enseigne les sciences agricoles : l'Institut agrono-
ique, les Ecoles d'agriculture de Grignon, de Montpel-
r, de Grandjouan, etc. 3° Les écoles où l'on enseigne les
ences qui se rapportent aux Arts, : Ecoles des Beaux-
ts, Ecole centrale des Arts et Manufactures, Conserva-
ire de musique, etc.

18. Les fonctionnaires de l'enseignement primaire.

Les fonctionnaires de l'enseignement primaire sont les
rsonnes qui donnent ou surveillent cet enseignement.
L'enseignement est donné par les institutrices dans les
oles maternelles, par les instituteurs et les institutrices
ns les écoles primaires élémentaires, par les professeurs
ns les écoles primaires supérieures, les écoles profession-
lles et les écoles normales.
Les délégués cantonaux veillent aux intérêts matériels et
raux des écoles. Les inspecteurs primaires, les inspec-
rs d'académie, les recteurs dirigent et surveillent l'en-
ignement. Il y a un ou plusieurs inspecteurs primaires
r arrondissement, un inspecteur d'académie par dépar-
nent, un recteur par académie. Il y a dix-sept académies
France.
Le préfet nomme les instituteurs, les institutrices, les
égués cantonaux ; le ministre de l'instruction publique
mme les autres fonctionnaires.
Des inspecteurs généraux inspectent les établissements
l'Etat et contrôlent l'enseignement qui s'y donne.

DEUXIÈME TRIMESTRE
Le service militaire.
19. Tous les Français sont soldats.

L'armée est nécessaire en France.

La France est un pays fertile et riche. Tentés par ses richesses, des gens avides pourraient l'envahir et la ruiner. Dans ce cas elle doit se défendre : elle a donc besoin de soldats.

Tous les Français doivent le service militaire personnel.

Etre soldat est un devoir et un honneur.

On exclut de l'armée les Français qui ont été condamnés à une peine d'une certaine gravité.

On exempte du service militaire les jeunes gens qui ont des infirmités ou qui sont faibles de constitution.

On dispense d'une partie du service militaire les soutiens de famille et les jeunes gens qui se destinent à l'enseignement.

20. Recrutement de l'armée.

Le recrutement de l'armée est réglé par la loi du 15 juillet 1889.

Au début de l'année tous les jeunes gens qui ont vingt ans accomplis tirent au sort.

Le tirage au sort a lieu au chef-lieu de canton en présence du sous-préfet et de tous les maires du canton.

Quelque temps après les conscrits passent devant le conseil de révision qui les déclare « bons pour le service ou impropres au service ».

Au mois de novembre suivant, ceux qui ont été reconnus « bons pour le service » sont incorporés.

Les marins de la flotte de l'Etat se recrutent par l'inscription maritime.

La taxe militaire. — Les législateurs ont pensé avec raison que les jeunes gens qui bénéficient d'une dispense doivent contribuer d'une autre manière aux charges militaires de la nation. Ils payent la taxe militaire.

Cette taxe comprend : 1° une taxe fixe de six francs ; 2° une taxe proportionnelle aux ressources du dispensé. Cette taxe proportionnelle est égale au montant en principal de la cote personnelle et mobilière de l'assujetti, auquel on joint le quotient obtenu en divisant la cote personnelle et mobilière de celui de ses ascendants qui est le plus imposé à cette contribution, par le nombre des enfant vivants et des enfants représentés de celui-ci. Ce dernier élément cesse d'entrer en ligne de compte quand l'assujetti a atteint trente-huit ans révolus et a un domicile distinct. La taxe est due à partir du premier janvier qui suit l'appel à l'activité de la classe à laquelle appartient l'assujetti. Tout homme présent sous les drapeaux à cette date n'est pas imposable à la taxe. La taxe est réduite, pour ceux qui n'effectuent qu'une partie du temps du service réglementaire, d'un trente-sixième par mois accompli. Les réformés pour blessures contractées dans le service et les indigents sont dispensés de la taxe.

DEUXIÈME TRIMESTRE
Service militaire.

19. Tous les français sont soldats.

L'armée est nécessaire.

La France est, en effet, un pays fertile et riche. Tentés par ses richesses, des gens avides pourraient l'envahir, la miner et la subjuguer. Dans ce cas elle doit se défendre : elle a donc besoin de soldats.

Tous les Français doivent le service militaire personnel (loi du 15 juillet 1889).

Être soldat est un devoir et un droit. C'est aussi un honneur, car nul ne peut être admis dans l'armée française qui n'est Français et si son passé est souillé d'une tache infamante.

On exclut de l'armée les Français qui ont été condamnés à une peine d'une certaine gravité.

On exempte du service militaire les jeunes gens que leur faiblesse de constitution ou leurs infirmités rendent impropres à tout service. (surdité, épilepsie etc.).

On dispense d'une partie du service militaire les aînés d'une nombreuse famille, les soutiens de famille, les jeunes gens qui se destinent à l'enseignement ou aux carrières libérales (médecins, avocats, peintres etc.).

On ajourne ceux qui sont d'une faible constitution ou qui n'ont pas la taille requise par la loi.

Tous les hommes qui profitent d'une exonération de service dans l'armée active paient la taxe militaire.

20. Recrutement de l'armée.

Le recrutement de l'armée est réglé par la loi du 15 juillet 1889 : Art. 2. L'obligation militaire est égale pour tous.

Au début de l'année tous les jeunes gens qui forment la « classe » tirent au sort. Le tirage au sort a lieu au chef-lieu de canton en présence du sous-préfet et de tous les maires du canton.

Quelques temps après les conscrits passent devant le conseil de révision qui les déclare « bons pour le service » ou « impropres au service. » Au mois de novembre ceux qui ont été reconnus « bons pour le service » sont incorporés.

Le conseil de révision se compose de cinq membres sous la présidence du préfet. Il s'adjoint à titre consultatif un sous-intendant militaire, le commandant du bureau de recrutement et un médecin militaire.

L'individu qui ne se présente pas au Conseil de révision est réputé bon pour le service, excepté les malades et les infirmes.

Les marins de la flotte de l'Etat se recrutent par l'inscription maritime.

L'Inscription maritime est l'état nominatif des gens de mer, et des ouvriers qui exercent des professions maritimes.

L'homme dans ses foyers est toujours soumis à la discipline.

21. La discipline.

Les soldats sont soumis à une discipline ou règle sévère : c'est la discipline qui fait la force d'une armée.

Le bon soldat obéit aveuglément à ses chefs ; il est courageux et patient ; il s'instruit et se fortifie par l'exercice.

Les réfractaires sont les citoyens qui refusent le service militaire.

Les déserteurs sont ceux qui quittent la caserne ou leur pays pour se soustraire au service militaire.

Les réfractaires et les déserteurs sont des lâches et des ingrats.

Les conseils de guerre sont des tribunaux spéciaux qui jugent les délits et les crimes commis par les militaires.

22. Durée du service militaire.

La durée du service militaire est de 25 ans répartie comme il suit : 3 ans dans l'armée active, 7 ans dans la réserve de l'armée active, 6 ans dans l'armée territoriale, 9 ans dans la réserve de l'armée territoriale.

Un français fait donc partie de l'armée depuis 21 ans jusqu'à 45 ans.

Les marins sont à la disposition de l'État de 18 ans à 50 ans révolus.

Après avoir accompli les 3 ans de service actif les militaires font plusieurs périodes d'instruction de 28 ou 13 jours

On peut contracter des engagements volontaires et des rengagements. Les hommes de troupe reçoivent une pension proportionnelle à la durée de leurs services s'ils ont passé quinze années sous les drapeaux.

Les engagements volontaires. — La loi militaire permet les engagements volontaires. Les jeunes gens ont ainsi l'avantage de choisir le corps où ils veulent servir, sous certaines réserves : 1° Les engagés volontaires doivent remplir les conditions spéciales exigées dans le corps où ils se présentent. 2° Il faut en outre que la liste des engagements dans ce corps ne soit pas close. On peut contracter l'engagement à 16 ans révolus pour l'armée de mer, à 18 ans révolus pour l'armée de terre.

Pour s'engager dans un corps déterminé l'intéressé demande un *certificat d'acceptation*, soit au bureau de recrutement, soit au corps lui même (bureau du major). Muni de ce certificat, il se rend à la mairie où il signe sa *déclaration d'engagement* en présence de deux témoins. Le maire lui délivre aussitôt une copie de l'acte d'engagement : le jeune homme la rapporte au bureau de recrutement qui fait les démarches nécessaires pour qu'il puisse se mettre en route immédiatement, et on lui remet une feuille de route qui lui indique les délais dans lesquels il doit être rendu au corps.

Les engagements sont faits pour trois, quatre ou cinq ans. Les engagements de cinq ans, donnent droit, pendant les deux dernières années, à une prime dont le montant est fixé par décret.

La discipline, plus encore que le nombre des combattants et autant que
r bravoure, assure le gain des batailles.

21. La Discipline.

Les soldats sont soumis à une discipline sévère et in-
xible : c'est la discipline qui fait la force d'une armée.
Le bon soldat respecte ses chefs et leur obéit aveuglément,
apprend le métier des armes sans négligence ; il est cou-
geux et patient, il s'instruit, il se fortifie par l'exercice.

es qualités indispensables au bon soldat sont : le sentiment de la disci-
ne, celui de l'honneur, l'esprit de corps, l'amour de la patrie, le courage,
ang-froid, la résolution et la présence d'esprit. »

Les réfractaires sont les ci'oyens qui refusent le service
ilitaire.
Les déserteurs sont ceux qui abandonnent la caserne ou
ur pays pour se soustraire au service militaire.
fractaires et déserteurs sont des lâches et des ingrats.
ches parce qu'ils ne savent pas faire de sacrifice et redou-
nt le danger ; ingrats parce qu'ils refusent de s'acquitter
une dette sacrée envers la Patrie.

Les déserteurs sont méprisés partout. Après avoir fait un coup pareil, on
plus de racine nulle part, on n'a plus ni père, ni mère, ni clocher, ni
rie. On s'est jugé soi-même incapable de remplir le premier de ses de-
rs, qui est d'aimer et de soutenir son pays, même lorsqu'il a tort. »
(Le conscrit 1813.)

Les délits militaires sont jugés par les conseils de guerre :
code militaire est d'une extrême rigueur.

22. Durée du service militaire.

La durée totale du service militaire est de 25 ans, répar-
e comme il suit : 3 ans dans l'armée active, 7 ans dans
réserve de l'armée active, 6 ans dans l'armée territoriale
9 ans dans la réserve de l'armée territoriale.
Un français fait donc partie de l'armée depuis 21 ans jus-
'à 45 ans.
Les marins sont à la disposition de l'Etat de 18 à 50 ans
volus.
es réservistes sont astreints à des revues d'appel et à
s périodes d'instruction de deux ou de quatre semaines.
n accorde des dispenses pour les périodes d'instruction
ux chefs ou aux membres des familles nécessiteuses.
On peut contracter des engagements volontaires de 3, 4
5 ans. Les soldats décorés, médaillés, ou proposés pour
vancement, les gradés, peuvent contracter des rengage-
ents de 1, 3, et 5 ans.
Les hommes de troupe reçoivent une pension proportion-
elle à la durée de leurs services s'ils ont accompli quinze
moins de 25 ans sous les drapeaux et s'ils ont terminé
ur dernier engagement.
A l'expiration de leur service, les sous-officiers rengagés
euvent obtenir un emploi civil en vertu de la loi du 18
ars 1882.

l 'apprentissage des vertus militaires doit commencer dès l'école; ces vertus sont la discipline et le courage.

23. Organisation de l'armée. — Les armes.

On distingue dans l'armée différentes armes qui sont : l'infanterie, la cavalerie, l'artillerie, le génie, le train des équipages, l'armée navale.

Le train des équipages est chargé de conduire les voitures de l'armée.

L'artillerie surveille la fabrication des armes, la conservation des munitions de guerre, approvisionne l'armée de munitions et défend ou attaque les places.

Le génie construit nos fortifications ou attaque les fortifications ennemies.

L'armée navale est chargée de la défense des côtes et des colonies.

A l'armée est rattaché le corps de gendarmerie qui assure le bon ordre et le respect de la loi.

L'armée comprend en outre des services administratifs : l'intendance, la trésorerie, le service des postes et télégraphes, le service médical.

24. Les grades. — Les récompenses.

L'armée est répartie en 19 corps.

Les grades de l'armée sont :

Les grades généraux : général de division, général de brigade.

Les grades supérieurs : colonel, lieutenant-colonel, commandant ou chef de bataillon ou d'escadron.

Les grades d'officiers : capitaine, lieutenant, sous-lieutenant.

Les grades de sous-officiers : adjudants, sergents (major, fourrier) maréchal des logis.

Enfin les caporaux et les brigadiers.

Les belles actions et les bons services des soldats sont récompensés par la Médaille militaire et la Croix de la Légion d'Honneur.

Fraudes en matière de recrutement. — Un jugement de tribunal correctionnel a condamné en 1893 : 1° A quinze jours d'emprisonnement et aux dépens, le sieur X..., de la classe de 1893, qui s'est fait frauduleusement dispenser par le conseil de revision, à titre de fils aîné de veuve, bien qu'il eût un frère plus âgé ; 2° à un mois d'emprisonnement et aux dépens, le sieur Y..., maire, qui s'est rendu complice de la fraude ci-dessus spécifiée, en approuvant et en signant le certificat où le sieur X... était mensongèrement présenté comme fils aîné d'une femme veuve; 3° à 50 francs d'amende deux habitants du pays qui ont apposé leur signature sur ce certificat. Ce jugement a été confirmé par un arrêt de la cour d'appel. Conformément aux dispositions de l'article 69 de la loi du 15 juillet 1889, le sieur X... a été rétabli en tête de la première partie de la liste de recrutement de la classe à laquelle il appartient, pour accomplir trois années de service actif.

L'armée est une école d'honneur et de sacrifice.

23. Organisation de l'armée. — Les armes.

n appelle arme chacune des espèces de troupes qui
posent l'armée. On distingue l'infanterie, la cavalerie,
tillerie, le génie, le train des équipages et l'armée navale.

e train des équipages conduit les voituresde l'armée, sauf
es des équipages régimentaires, de l'artillerie et du génie.

'artillerie, en temps de paix, dirige et surveille la fabri-
on des armes, du matériel de transport de l'armée et
lle à la conservation des munitions de guerre; en temps
guerre elle est chargée du service général des bouches
u, attaque et défend les places, approvisionne l'armée
armes et munitions.

e génie construit les fortifications et attaque les fortifi-
ions ennemies.

'armée navale est chargée de défendre les côtes et les
onies.

l'armée est rattaché le corps spécial de Gendarmerie
i assure le bon ordre et le respect de la loi.

'armée comprend en outre les services administratifs :
tendance, la trésorerie, le service des postes et télégra-
es, le service médical.

outes les opérations de l'armée sont dirigées par les
ts-majors.

24. Les grades. — Les récompenses.

'armée est répartie en 19 corps, comprenant chacun
ux divisions d'infanterie, un bataillon de chasseurs
ied, une brigade de cavalerie, une brigade d'artillerie,
bataillon du génie, un escadron du train, une section
uvriers d'administration, une brigade d'infirmiers.

a division comprend deux brigades, la brigade deux
riments ; le régiment d'infanterie comprend quatre ba-
llons, et le bataillon quatre compagnies ; le régiment de
valerie comprend quatre escadrons et chaque escadron,
atre pelotons ; le régiment d'artillerie comprend quatre
tteries et chaque batterie compte six canons.

Le corps d'armée a pour chef un général de division ou
mmandant de corps d'armée ; la brigade, un général de
igade ; le régiment, un colonel assisté d'un lieutenant-
onnel ; le bataillon, un commandant ou chef de bataillon ;
ux escadrons de cavalerie ou trois batteries d'artillerie
nt commandés par un commandant ou chef d'escadron ;
compagnie, l'escadron, la batterie sont commandés par
capitaine assisté de trois officiers-lieutenants ou sous-
utenants, et de sous-officiers, sergents ou maréchaux
s logis que secondent des caporaux et des brigadiers.

Les belles actions et les bons services des soldats sont
compensés par la Médaille militaire et la Croix de la Lé-
on d'honneur.

La Légion d'Honneur a cette belle devise : Honneur. Patrie.

Le drapeau tricolore a fait le tour du monde avec nos libertés et nos gloire[s]
(Lamartine)

25. Le drapeau. (Leçon commune)

Le drapeau est l'image de la patrie.

Le drapeau français est tricolore: il est bleu, blanc, roug[e].
Il a remplacé le drapeau blanc de la royauté dès les pr[e]-
miers jours de la Révolution.

Notre drapeau rappelle des faits glorieux : Valmy, Ma[-]
rengo, Austerlitz, Wagram; etc., et de tristes souvenir[s]
Waterloo et Sedan.

Sa vue nous rappelle aussi le patriotisme de nos aïeux e[n]
1792, et la vaillance de nos soldats dans la malheureus[e]
guerre de 1870-1871.

Il est le guide du soldat sur le champ de bataille ; à tou[s]
les Français il parle de liberté, d'honneur et d'espérance.

Respectons le drapeau français et saluons-le au passag[e]

**

Le drapeau est l'image de la Patrie. Loin de leur famill[e]
et de leur pays, le jeune soldat, le vieux marin voient e[n]
lui leur famille et leur pays. Il renferme en ses plis l'honneu[r]
de la France. On le suit partout où il va ; s'il tombe on [le]
relève et on le porte plus loin. L'abandonner serait un[e]
lâcheté, un sacrilège ; on lutte pour le défendre, on meu[rt]
pour le sauver. Que de grands dévoûments il a fait naître[,]
que de glorieux sacrifices il a inspirés? Le drapeau rappel[le]
tout un passé de grandeur ; nos aïeux l'ont promené trion[-]
phant à travers l'Europe ; les peuples l'ont acclamé par[ce]
qu'il leur apportait la liberté. Il a été aussi le témoin d[e]
de nos défaites et de nos douleurs. En lui réside l'âme de [la]
France, l'âme ardente et fière de nos aïeux, de ceux q[ui]
formaient autrefois la « grande nation » ; sa vue ranime le[s]
courages et éveille l'orgueil ; il parle à tous de libert[é]
d'honneur, de dévoûment.

Service militaire personnel. = Autrefois le recrutement d[e]
l'armée se faisait par enrôlements. Plus tard on établit la conscriptio[n]
qui a régularisé le recrutement et l'a moralisé en proclamant le gran[d]
principe de l'obligation du service. Mais il y avait encore inégalité d[e]
traitement, car tout le monde n'était pas appelé sous les drapeaux[;]
on accordait aux riches le droit de se faire remplacer moyennant un[e]
certaine somme. Ce remplacement était immoral: on n'envoie per[-]
sonne se faire tuer à sa place. Il a été supprimé, et tous les citoyen[s]
aujourd'hui doivent le service personnel. C'est juste. En cas de guer[re]
il faut que tout le monde contribue à la défense nationale : la patr[ie]
est le patrimoine de tous, il est du devoir de tous de le protéger.

Le service militaire et les condamnés. — Les individus q[ui]
ont été déshonorés par une condamnation sont exclus de l'armée na[-]
tionale, mais ils n'échappent pas pour cela au devoir militaire. La l[oi]
les envoie accomplir leur temps de service soit dans les bataillo[ns]
d'infanterie légère d'Afrique, soit dans les corps disciplinaires colonia[ux]
dépendant du ministre de la marine.

e drapeau est l'image de la France, l'image de ce qu'elle aime, admire
onore le plus, c'est l'emblème du sacrifice.

LA MARSEILLAISE

Allons, enfants de la patrie,
Le jour de gloire est arrivé !
Contre nous de la tyrannie.
L'étendard sanglant est levé.
Entendez-vous, dans vos campagnes,
Rugir ces féroces soldats ?
Ils viennent jusque dans nos bras,
Egorger nos fils et nos compagnes !

Aux armes, citoyens ! formez vos bataillons !
Marchons ! Qu'un sang impur abreuve nos sillons !

Amour sacré de la patrie
Conduis, soutiens nos bras vengeurs !
Liberté, liberté chérie,
Combats avec tes défenseurs !
Sous nos drapeaux que la victoire
Accoure à tes mâles accents !
Que tes ennemis expirants
Voient ton triomphe et notre gloire !

Aux armes, citoyens ! etc.

Nous entrerons dans la carrière
Quand nos aînés n'y seront plus ;
Nous y trouverons leur poussière
Et la trace de leurs vertus.
Bien moins jaloux de leur survivre
Que de partager leur cercueil,
Nous aurons le sublime orgueil
De les venger ou de les suivre !

Aux armes. citoyens ! etc.

Ces couplets sublimes ont été composés par un capitaine
génie, Rouget de l'Isle, à l'époque où les armées de
urope monarchique tentaient d'envahir le sol français
ur y étouffer les idées de liberté. Ils ont enflammé les
urs de nos pères ; les volontaires de 1792 chantaient la
rseillaise en courant à la bataille : c'est elle qui les a fait
incre, c'est elle qui a sauvé la France. L'hymne de la
erté a été et sera toujours pour les Français le chant
spérance et d'enthousiasme guerrier aux heures du
nger, celui de l'allégresse après la victoire.

Tous les citoyens ont le droit de constater la nécessité de la contribution publique et de la consentir librement.

De l'impôt.

26. L'impôt. — Sa nécessité.

L'impôt ou contribution est la somme d'argent que tout citoyen paye à l'État pour subvenir aux dépenses publiques.

L'État entretient une armée ; il construit des routes, des canaux, des ports ; il paie les sénateurs, les députés, les préfets, les instituteurs, les gendarmes et tous les fonctionnaires. Cela nécessite beaucoup d'argent : c'est l'impôt qui le fournit. L'impôt est donc nécessaire.

Tous les Français paient l'impôt en proportion de leurs moyens.

L'impôt est obligatoire quand il a été voté par le Parlement.

27. Les dépenses publiques. — Le budget.

Les dépenses publiques sont énormes.

Le budget est le tableau des recettes et des dépenses annuelles de l'État.

Le budget est préparé par le Conseil des ministres, discuté et voté par les Chambres.

Chaque ministre a son budget spécial. Les ministres ne peuvent dépenser plus que le crédit qui leur est alloué.

Le crédit est la somme qui est attribuée à une dépense indiquée.

Les comptes des ministres sont vérifiés par la Cour des Comptes.

L'impôt avant la Révolution. — L'Assemblée constituante qui bouleversa toutes les institutions de l'ancienne France, abolit les privilèges en matière d'impôt. Autrefois noblesse et clergé étaient exempts d'impôts ; toutes les charges fiscales retombaient sur le peuple. A plusieurs reprises on avait réclamé l'abolition de cette injustice ; c'était en vain. Les États généraux de 1355 avaient demandé que « l'impôt fût réparti sur tout le monde ». Les États du xv° et du xvii° siècles avaient déposé des vœux pareils sans que la royauté en tînt compte. Vauban dans son livre sur *la Dîme* avait proposé la suppression des privilèges, Turgot avait essayé de réaliser une partie de ce vœu ; mais l'édit de 1776 sur la corvée avait soulevé les protestations des privilégiés, et le Parlement refusa de l'enregistrer. Calonne avait aussi reconnu la nécessité de supprimer les privilèges. Les vœux, les demandes réitérées des États et des assemblées se battaient à la résistance des nobles et du roi. L'Assemblée constituante, considérant que l'impôt tel qu'il était établi était illégal, parce qu'il n'avait pas été consenti par les représentants de la nation, le supprima en partie et le déclara payable par tous.

Refuser l'impôt c'est vouloir jouir des bénéfices d'une association sans participer à ses charges ; c'est faillir à une dette sacrée et abdiquer son titre de citoyen. *(Chaumeil.)*

De l'impôt.

16. L'impôt. — Sa nécessité.

L'impôt ou contribution est la somme d'argent que tout Français ou tout étranger résidant en France paie chaque année à l'Etat pour subvenir aux dépenses publiques.

L'Etat entretient une armée, une flotte ; il construit des routes, des canaux, des ports ; il paie les sénateurs, les députés, les préfets, les instituteurs, les gendarmes et tous les fonctionnaires. Ces dépenses nécessitent beaucoup d'argent : c'est l'impôt qui le fournit. L'impôt est donc nécessaire.

L'impôt est dû par tous les citoyens : il est juste que participant aux avantages communs ils supportent une part des charges communes.

Tous les Français, sauf les indigents, sont contribuables. L'impôt est proportionnel aux facultés de chacun.

Tous les citoyens ont le droit de constater, par eux-mêmes ou par leurs représentants, la nécessité de la contribution publique, de la consentir librement, d'en suivre l'emploi, et d'en terminer la quotité, l'assiette, le recouvrement et la durée. » *(Art. 14. Droits de l'homme et du citoyen.)*

L'impôt est obligatoire dès qu'il a été voté par le Parlement.

17. Les dépenses publiques. Le budget.

Les dépenses publiques sont énormes. Elles comprennent les services de la dette publique, des pensions, des dotations (traitement du Président de la République, des sénateurs, des députés), le traitement des fonctionnaires, des ministres, des magistrats, les dépenses administratives (travaux publics, armée, marine, instruction publique, etc.).

Le budget est le tableau des recettes et des dépenses annuelles de l'Etat. Il est rendu exécutoire par la loi des finances.

Le budget est préparé par le Conseil des ministres et présenté par le ministre des finances ; les Chambres le discutent et le votent.

Chaque ministère a son budget spécial. Les ministres ne peuvent dépenser plus que le crédit qui leur est alloué.

On appelle crédit la somme qui est prévue et votée pour une dépense déterminée.

Chaque année le ministre des finances présente un compte général d'administration sur les opérations relatives au recouvrement et à l'emploi des deniers de l'Etat

La Cour des comptes vérifie les comptes publics.

Aucun impôt ne peut être levé, aucun emprunt ne peut être fait qu[e]
un décret exprès de l'Assemblée des représentants de la nation.

28. Nature des impôts. — Contributions directes.

Les impôts se divisent en impôts directs et en i[mpôts]
indirects.

L'impôt direct est celui qui frappe directement la pers[onne]
o[u] la fortune du contribuable.

L'impôt indirect frappe indirectement le consomma[teur.]

Il y a quatre grandes contributions directes: la co[ntri-]
bution foncière, la contribution personnelle et mobiliè[re, la]
contribution des portes et fenêtres, la contribution [des]
patentes ;

La contribution foncière est payée par le proprié[taire]
pour ses bâtiments et ses terres.

29. Suite.

La contribution personnelle et mobilière est payé[e par]
tout habitant français ou étranger non indigent.

La taxe personnelle équivaut à trois journées de tra[vail.]
Le Conseil général fixe le prix moyen de la journée : il [varie]
de 0 fr. 50 à 1 fr. 50.

La contribution des portes et fenêtres est établie su[r les]
portes et fenêtres des habitations et des usines.

La contribution des patentes est payée par tout indi[vidu]
qui exerce un commerce, une industrie, une profession.

Certaines personnes sont exemptes de la patente [: les]
fonctionnaires publics, les artistes, les cultivateurs,
pêcheurs, etc.

**Répartition de l'impôt entre les contribuables d[e la]
commune.** — Pour opérer la répartition de l'impôt entre les c[ontri-]
buables de la commune, on additionne les revenus de tous les [pro-]
priétaires et on détermine le rapport entre la somme totale des re[venus]
et celle que doit payer la commune.

« Ce rapport établit le nombre de centimes par franc de reven[u que]
la commune doit payer, et la somme d'impôt que chaque contrib[uable]
doit supporter pour sa cote personnelle s'obtient en multiplian[t le]
revenu particulier par le nombre de centimes correspondant à un [franc]
de revenu. Ainsi le revenu des propriétés non bâties de la com[mune]
étant de 100.000 francs et son contingent dans l'impôt de 6.000 f[rancs,]
l'impôt se trouve fixé à 6 °/₀ du revenu, soit 6 centimes par fra[nc de]
revenu cadastral. Par suite, chaque contribuable paiera 6 °/₀ ou 6 [cen-]
times par franc de son revenu. C'est d'après ce mode de calc[ul que]
l'administration des contributions directes dresse, dans chaque [com-]
mune, le rôle cadastral fixant la somme due par chaque co[ntri-]
buable. »

Les contributions publiques doivent être délibérées et fixées chaque année
par le Corps législatif ; elles ne peuvent subsister au delà d'un an si elles
sont expressément renouvelées.

28. Nature des impôts. — Contributions directes.

Les impôts se divisent en impôts directs et en impôts
directs.

L'impôt direct est celui qui frappe directement la personne ou la fortune du contribuable ; il est perçu en vertu
un rôle ou liste qui le désigne nominativement.

L'impôt indirect est établi sur les objets de consom-
mation.

Il y a quatre grandes contributions directes : la contribution foncière, la contribution personnelle et mobilière, la
contribution des portes et fenêtres, la contribution des
patentes.

La contribution foncière est payée par le propriétaire pour
les propriétés bâties et non bâties. Elle est basée sur la
valeur locative des immeubles. La contribution sur les
propriétés non bâties est établie d'après le classement
cadastral.

29. Suite.

La contribution personnelle et mobilière est payée par tout
habitant français ou étranger non indigent. Elle est due
pour l'année entière.

La taxe personnelle équivaut à trois journées de travail.
Le Conseil général fixe le prix moyen de la journée : il varie
de 0 fr. 50 à 1 fr. 50.

La taxe mobilière est basée sur la valeur du loyer d'habitation.

La contribution des portes et fenêtres est établie sur les
portes et les fenêtres des habitations et des usines.

Sont exceptées les portes et fenêtres des bâtiments employés à un service public ou hospitalier, celles qui éclairent
ou aèrent les granges, étables, greniers, caves et autres
locaux ne constituant pas une habitation proprement dite.

La contribution des patentes frappe tout individu qui
exerce un commerce, une industrie, une profession.

Cette contribution se compose d'un droit fixe et d'un droit
proportionnel. Le droit fixe est établi d'après des tarifs ré-
glés suivant la population de la localité et le genre d'industrie ou de commerce. Le droit proportionnel est établi sur
la valeur locative de la maison d'habitation, des magasins,
usines, chantiers, etc., servant à l'exercice de la profession
imposable.

Certaines personnes sont exemptes de la patente : les fonctionnaires publics, les professeurs et les instituteurs privés,
les artistes, les cultivateurs, les pêcheurs, etc.

La contribution des patentes est due pour l'année entière.

Toutes les contributions et charges publiques doivent être suppo
par tous les citoyens et par tous les propriétaires, à raison de leurs
et facultés.

30. Les contributions indirectes.

Les contributions indirectes sont les droits prélevés
les sels, les sucres, les cartes à jouer, les voitures publiq
les tabacs, etc.

Les impôts sur les boissons, les droits de douane
d'enregistrement sont perçus au profit de l'Etat.

Les droits de douane frappent certaines marchandis
leur entrée en France.

Les droits d'octroi, de voirie, de place dans les foire
marchés sont perçus au profit des communes.

Ils frappent certaines marchandises à l'entrée dans
communes importantes.

Frauder c'est entrer des marchandises dans l'Etat s
payer les droits de douane, ou dans une ville sans pa
les droits d'octroi. La fraude est un vol.

31. Le recouvrement des impôts.

Les contributions directes sont payables par douzièm

Les percepteurs les recouvrent dans chaque commu
ils versent leurs recettes aux receveurs particuliers ; tou
les recettes du département vont au chef-lieu du dé
tement : le trésorier-payeur général envoie cet argent
trésor à Paris.

Il y a un percepteur par canton, un receveur particu
par arrondissement, un trésorier-payeur général par dé
tement.

Les contributions indirectes sont perçues par trois gran
administrations : Les contributions indirectes, les douar
et l'enregistrement.

Le Ministre des finances est le chef de l'administrat
des finances.

La Cour des comptes vérifie les recettes et les dépen
faites pour le compte de l'Etat.

Recouvrement des impôts directs. — L'administration
contributions indirectes prépare les rôles que le préfet rend exé
toires, et les renvoie au percepteur qui est chargé d'opérer le rec
vrement des impôts. Celui-ci fait porter chez le contribuable un a
tissement lui faisant connaitre la somme qu'il doit au Trésor ; si
un délai de dix jours, ce dernier n'a pas versé le montant des d
zièmes échus, il devient passible de poursuites. Le percepteur
adresse d'abord une sommation sans frais, puis une sommation
frais qui n'a lieu qu'à la suite d'une contrainte générale signée du
ceveur particulier des finances et du sous-préfet. C'est en vertu de c
contrainte que des poursuites judiciaires peuvent être exercées ;
comportent : 1° le commandement, trois jours après la contrainte gé
rale ; 2° la saisie et la vente des meubles à la suite d'une contrai
individuelle ; 3° la saisie des immeubles à la suite d'une autorisat
du ministre des finances. Pour l'impôt foncier, le Trésor a un privil
sur les récoltes, fruits, loyers et revenus des immeubles ; pour les au
impôts, sur les objets mobiliers appartenant au contribuable poursu

Dans l'ancien régime on envoyait aux contribuables en retard un garni-
saire qui s'implantait chez eux et était payé par eux jusqu'à ce qu'ils se
fussent acquittés envers le trésor. Cette garnison a été supprimée par la
loi du 9 février 1877.

30. Les contributions indirectes.

Les contributions indirectes sont les droits prélevés sur
les sels, les sucres, les cartes à jouer, les voitures publiques,
les tabacs, les poudres, les salpêtres, le papier et les boissons.
Les impôts sur les boissons, les droits de douane et d'enregistrement sont perçus au profit de l'Etat.
Les droits de douane frappent certaines marchandises à
leur entrée en France.
Les droits d'enregistrement sont perçus sur les actes
(achat, vente ou location) que les particuliers font enregistrer.
Enregistrer un acte c'est l'inscrire sur des registres
publics tenus par des employés de l'Etat.
Les droits de timbre sont perçus sur les papiers destinés
aux actes civils et judiciaires (actes de naissance, contrat de
mariage, etc.) et sur les écritures qui peuvent faire foi en
justice (reconnaissance de dette, remboursement d'argent,
quittances, etc.).
Les droits d'octroi, de voirie, de place dans les foires et
marchés sont perçus au profit des communes.
Ils frappent certaines marchandises à l'entrée des communes importantes.
Frauder c'est entrer des marchandises dans l'Etat sans
acquitter les droits de douane ou dans une ville sans acquitter les droits d'octroi. La fraude est un vol.

31. Le recouvrement des impôts.

Les contributions directes sont payables par douzièmes.
Les percepteurs les recouvrent dans chaque commune ;
ils versent leurs recettes aux receveurs particuliers ; le trésorier-payeur général qui réside au chef-lieu du département, centralise toutes les recettes du département et fait
les versements au trésor, à Paris.
Il y a un percepteur par canton, un receveur particulier
par arrondissement, un trésorier-payeur général par département.
Les contributions indirectes sont perçues par trois grandes
administrations : 1° la direction générale des contributions
directes ; 2° la direction générale des douanes, 3° la direction générale de l'enregistrement, des domaines et du
timbre.
Toutes ces administrations relèvent du Ministère des
finances.
La Cour des comptes vérifie les recettes et les dépenses
faites pour le compte de l'Etat.

Etes-vous au service de l'Etat ? Traitez ses intérêts comme s'ils étai
les vôtres.

32. Les réclamations en matière d'impôts.

Quand on se croit trop imposé ou imposé à tort, on pe
demander décharge ou réduction d'impôts.

La demande en décharge a pour objet la suppression
l'impôt.

La demande en réduction a pour objet sa diminution.

Ces demandes doivent être adressées au préfet dans
trois mois qui suivent la publication des rôles.

Quand un contribuable refuse de payer l'impôt il est pou
suivi et jugé par les tribunaux. L'Etat a le droit de vend
ses meubles et de saisir ses immeubles.

La France administrative.

33. L'administration.

Les affaires de tout le monde, de la France entière, s'a
pellent affaires publiques.

Diriger les affaires publiques. cela s'appelle administre
L'action d'administrer est l'administration.

On appelle aussi administration l'ensemble de tous
citoyens dont le gouvernement se sert pour régler
affaires du pays.

Les employés de l'Etat sont choisis parmi les citoyens
plus instruits et les plus honnêtes.

Tout employé de l'Etat doit s'efforcer de bien remplir s
fonctions.

**Réclamation d'un contribuable au sujet de l'augmentati
de sa taxe.**

A Monsieur le Préfet du département de

Monsieur le Préfet,

J'ai l'honneur de vous exposer que j'ai été taxé pour ma contrib
tion personnelle de la précédente année à la somme de quinze fran
ainsi qu'il résulte de l'avertissement ci-joint. Cependant, avant
confection des rôles je n'occupais qu'un appartement de 300 fran
qui ne doit donner lieu qu'à une taxe de 7 fr. 50. Je vous prie, Mo
sieur le Préfet, de vouloir bien donner les ordres nécessaires pour q
la réduction à laquelle j'ai droit soit opérée.

J'ai l'honneur d'être, avec un profond respect, Monsieur le Préf
votre très humble serviteur.

Demande de remise de contribution de l'année.

A Monsieur le Préfet du département de

Monsieur le Préfet,

Permettez-moi de vous exposer que....... a détruit presque tou
espérance de récolte dans ma propriété. Ci-joint un certificat sig
par le maire, constatant la perte de ma récolte. J'ose espérer, Mo
sieur le Préfet, que vous daignerez prendre en considération ma pos
tion malheureuse et ordonner qu'il me soit fait remise de ma cont
bution de l'année.

Dans l'espoir d'obtenir cette preuve de bienveillance, j'ai l'honne
d'être avec respect, Monsieur le Préfet, votre très humble serviteur.

ne faut pas que le peuple s'attende à ce que l'Etat le fasse vivre, puis-
c'est lui qui fait vivre l'Etat.   *(Bastiat.)*

32. Les réclamations en matière d'impôts.

Les réclamations qu'on peut faire en matière d'impôts
t : la demande en décharge ou en réduction et la demande
remise ou en modération.

La demande en décharge a pour objet la suppression de
cote (impôt).

La demande en réduction a pour objet sa diminution.

La demande en remise sollicite une exemption totale
mpôt.

La demande en modération sollicite une exemption
rtielle.

Ces demandes doivent être adressées au préfet dans les
is mois qui suivent la publication des rôles.

L'administration des contributions directes est compé-
te pour la contribution personnelle et mobilière ; le
éfet l'est pour les patentes ; le Conseil de préfecture l'est
ur la contribution foncière et celle des portes et fenêtres.

Les différends entre l'administration des contributions
irectes et les particuliers sont jugés par les tribunaux
ils.

La France administrative.

33. L'administration.

Une société s'occupe d'agriculture, d'industrie, de com-
rce ; elle a besoin de routes, de chemins de fer, de
vaux de défense ; elle a besoin de règlements et de lois ;
e rend la justice, etc. Toutes ces choses créent des travaux
'on appelle affaires.

Les affaires de tout le monde, de la France entière, s'ap-
lent les affaires publiques.

Etudier les affaires publiques, préparer et diriger l'exé-
tion des travaux qu'elles nécessitent, cela s'appelle admi-
trer.

L'action d'administrer est l'administration.

On appelle aussi administration l'ensemble de tous les
oyens (agents) dont le gouvernement se sert pour régler
affaires du pays.

Les chefs de l'administration résident à Paris ; leurs agents
t répandus sur tout le territoire.

Les employés de l'Etat sont choisis après un concours
blic parmi les citoyens qui offrent le plus de garantie de
oir et d'honnêteté.

Tout fonctionnaire de l'Etat doit prendre la justice et
térêt public pour guides et ne les sacrifier jamais à son
érêt personnel, à celui de sa famille ni à ses passions.

Tout employé de l'Etat doit s'acquitter de sa charge avec honnêteté, z
et conscience.

34. Les Circonscriptions administratives. (Leçon commun

La France est divisée en 86 circonscriptions administr
tives ou départements (plus le territoire de Belfort qui e
dirigé par un administrateur).

Le département est administré par un préfet assisté d'u
Conseil général, d'un Conseil de préfecture et d'une Con
mission départementale.

Les départements sont subdivisés en arrondissements.
y a en France 362 arrondissements.

L'arrondissement est administré par un sous-préfet assis
d'un Conseil d'arrondissement.

Les arrondissements sont subdivisés en cantons. Il y a
France 2.871 cantons.

Le canton n'a pas d'administration particulière.

Un canton comprend plusieurs communes. Il y a en Fran
36.075 communes.

Les affaires de chaque commune sont administrées p
un maire assisté d'un Conseil municipal.

Le département, l'arrondissement, la commune sont d
circonscriptions administratives.

35. La Commune. — Le Maire.

Le Maire est le chef de la Commune.
Il remplit de nombreuses fonctions.
Il publie les lois et les fait exécuter.
Il tient les registres d'Etat civil sur lesquels on inscr
les naissances, les mariages, les décès.
Il dirige la police de la commune et prend des arrêté
Il propose le budget, dirige les travaux et administre le
revenus de la commune.
Le maire est aidé par un ou plusieurs adjoints.
Le maire et les adjoints sont choisis dans le Conseil mu
nicipal par les conseillers eux-mêmes.

Les Conseils. — Du haut en bas de l'échelle administrative, on
placé des conseils à côté des agents du pouvoir exécutif. Qu'ils s'a
pellent chambres, comités, commissions ou conseils, ils remplisse
toujours la même fonction : ils étudient les questions d'ordre admini
tratif et délibèrent. Par la discussion toutes les idées se font jou
tous les vœux se manifestent ; on adopte ce que les premières o
d'excellent et de pratique, on détermine les mesures les plus propr
à satisfaire le plus grand nombre des seconds. Les conseils éclairer
ainsi les agents du gouvernement sur les besoins de la population
donnent à leurs actes plus de poids et de force en même temps qu'u
caractère de plus grande utilité publique.

Tout citoyen qui recherche un mandat de conseiller ou de député doit le faire moins par ambition que par le désir d'être utile à ses concitoyens.

34. L'administration avant 1789 (Lecture).

La France monarchique était formée de 33 provinces partagées en circonscriptions ecclésiastiques, judiciaires, en gouvernements militaires, généralités financières et intendances administratives. Ces circonscriptions diverses enchevêtraient et compliquaient l'administration. Les rois régnaient toujours sans rien ordonner. Les commissaires généraux institués par les Etats généraux de 1356-57 pour répartir et percevoir les impôts, devinrent sous Charles V, des officiers royaux. François Ier et Henri II déterminèrent les circonscriptions financières où ils établirent des receveurs généraux. François Ier créa aussi 12 gouvernements militaires, à la tête desquels il plaça des seigneurs. Richelieu rendit ces gouverneurs inutiles par la création des intendants de justice, de police et des finances. En 1789, il y avait en France 22 généralités ou intendances de pays d'élection, divisées en 375 élections et 13 généralités de pays d'Etat. En 1790, l'Assemblée constituante remplaça les provinces et les généralités par 83 départements partagés en districts et cantons. Chaque département eut un Conseil administratif et un Conseil exécutif. Les districts et les cantons eurent des conseils semblables. Le Consulat remplaça les districts par des arrondissements. Les départements et les arrondissements furent administrés par des préfets et des sous-préfets. Les cantons n'eurent plus d'administration particulière.

35. La Commune. — Le Maire.

La commune est la plus petite circonscription administrative. Elle est administrée par un maire assisté d'un Conseil municipal.

Le maire remplit des fonctions importantes et nombreuses :

1o *Il est agent du gouvernement* et publie les lois, les décrets et les fait exécuter.

2o *Il est officier de l'Etat civil* et il tient les registres sur lesquels on inscrit les naissances, les mariages et les décès.

3o *Il est officier municipal :* à ce titre il est chargé de la police de la commune, des foires, marchés, spectacles et jeux publics ; à cet effet il prend des arrêtés. Il dirige la voirie, les travaux communaux ; il propose le budget, administre les revenus et les propriétés de la commune. Il la représente en justice.

Le maire est assisté par un ou plusieurs adjoints qui le remplacent de droit en son absence.

Le maire et les adjoints sont élus par le Conseil municipal qui les choisit dans son sein.

Les fonctions de conseillers sont gratuites ; elles ne rapportent que l'honneur à ceux qui les remplissent.

36. Le Conseil municipal.

Le Conseil municipal est une Assemblée qui assiste le maire dans l'administration des affaires communales.

Ce Conseil peut avoir de un à trente-six membres, selon l'importance de la population. Celui de notre commune compte   conseillers.

Les Conseillers municipaux sont élus pour quatre ans au scrutin de liste par les électeurs de la commune.

Pour être éligible, il faut être électeur, âgé de 25 ans et payer des contributions directes dans la commune.

Pour être électeur communal il faut être français, majeur, jouir de ses droits civils et politiques, et habiter la commune depuis un certain temps.

37. Le Conseil municipal (fin).

Le Conseil municipal se réunit en session ordinaire quatre fois l'année : en février, en mai, en août et en novembre.

En dehors des sessions ordinaires le maire peut réunir le Conseil avec l'autorisation du sous-préfet.

Le Conseil municipal s'occupe de toutes les affaires communales :

Il vote le budget, il règle l'achat et la vente des immeubles, le pavage des rues, l'établissement des marchés.

Il réclame quand la commune est trop imposée.

Il vérifie les comptes du maire.

Les devoirs de l'électeur et de l'élu. — Si tu es électeur, ne néglige jamais de voter : tu n'as pas le droit de te désintéresser des affaires de ton pays. Mais pour bien voter instruis-toi, renseigne-toi sur les mérites des candidats qui sollicitent ton suffrage ; que ton vote ne soit pas intéressé ; reste digne et ne vends pas ta voix ; quand la nécessité le commande, observe la discipline, car il importe beaucoup de ne pas abandonner le pouvoir aux mains des gens rétrogrades ou malhonnêtes.

Si tes concitoyens te font l'honneur de t'élire à quelque charge publique, ne t'en enorgueillis pas, mais fais tout ce que tu peux pour justifier ce titre glorieux. Occupe-toi de leurs affaires avec toute l'attention, tout le soin qu'elles méritent ; mets toute ton intelligence, tout ton dévouement au service de leurs intérêts ; tiens-toi en garde contre toute pensée de favoritisme ; ne profite pas de ta situation pour t'enrichir. Remplis en un mot les devoirs que t'impose ton mandat à la fois comme un père de famille et un honnête homme.

bonne gestion des affaires communales exige que tout conseiller étudie
aite les questions qui s'y rapportent en son âme et conscience en faisant
raction de toute passion politique.

36. Le Conseil municipal.

e Conseil municipal est une Assemblée qui assiste le
ire dans l'administration des affaires communales.

 est formé des hommes de la commune généralement
onnus comme les plus instruits et les plus aptes à gérer
intérêts communaux.

e Conseil municipal peut avoir de un à trente-six mem-
s selon l'importance de la population. Celui de notre
imune compte   conseillers.

es conseillers municipaux sont élus pour quatre ans au
utin de liste par les électeurs de la commune.

our être éligible, il faut être électeur, âgé de 25 ans et
er dans la commune des contributions directes depuis
an.

our être électeur communal il faut être français, majeur,
ir de ses droits civils et politiques et habiter la commune
uis un certain temps.

ous les électeurs de la commune sont inscrits sur la
e électorale. Elle est révisée chaque année par le maire
isté d'une délégation.

out citoyen peut demander son inscription sur cette liste
 a été omis ou réclamer la radiation des personnes qu'on
 portées à tort.

37. Le Conseil municipal (fin).

n appelle session le temps pendant lequel un Conseil
t ses séances.

e Conseil municipal se réunit en session ordinaire quatre
 l'année : en février, en mai, en août et en novembre.

a durée de chaque session est de quinze jours ; elle peut
 prolongée avec l'autorisation du sous-préfet.

n dehors des sessions ordinaires le maire peut réunir
Conseil avec l'autorisation du sous-préfet et pour la
cussion d'un ordre du jour déterminé.

e Conseil municipal s'occupe de toutes les affaires com-
nales : il vote le budget ; il délibère sur les achats, ventes
échanges de propriétés communales ; il se prononce sur
ablissement des foires et des marchés d'approvision-
nent, etc. Ses décisions sont soumises à l'approbation du
fet.

 réclame quand il juge la commune trop imposée.

 émet des vœux et donne des avis sur tous les objets
térêt local. Les vœux politiques lui sont interdits.

haque année, à la session de mai, le Conseil municipal
ifie, accepte ou refuse les comptes administratifs du
ire.

TROISIÈME TRIMESTRE.

38. Le Canton.

Le canton est une étendue de territoire qui compre
plusieurs communes.

Notre canton compte   communes. Le chef-lieu est

Au chef-lieu de canton résident un juge de paix,
percepteur, un receveur d'enregistrement.

C'est là que se font les opérations du tirage au sort et
Conseil de révision.

Le canton élit un conseiller d'arrondissement et un co
seiller général et prend ainsi une part à la direction d
affaires départementales.

39. L'Arrondissement. — Le sous-préfet.

L'arrondissement est administré par le sous-préfet assis
d'un Conseil d'arrondissement.

Le sous-préfet est l'auxiliaire du préfet.

Le sous-préfet transmet les ordres de l'autorité supérieu
aux maires et aux citoyens.

Il communique au préfet les renseignements dont celui-
a besoin.

Il assure la sécurité publique.

Il préside aux opérations du tirage au sort, et fait part
du Conseil de révision.

Les actes du sous-préfet sont contrôlés par le préfet.

Le sous-préfet est nommé par le président de la Rép
blique.

Réformes. — Si, dans la société dont vous êtes les membr
quelque injustice subsiste, demandez-en la réforme. Demandez-là d
fois, cent fois, jusqu'au jour où vous aurez obtenu satisfactio
Unissez-vous pour mieux réussir dans votre entreprise : le nomb
donne la force, et quand on est le nombre on peut dire : nous voulon
« Si, au contraire, chacun de vous, inactif, silencieux, se tient à l'écar
regardant de là comment vont les choses et se plaignant qu'elles vo
mal, renoncez à l'espoir que jamais elles aillent mieux, et, sous le poi
des maux que vous léguerez à vos enfants, n'accusez que vous-mème
votre indolence et votre insouciance, votre égoïsme et votre lâcheté.

La Patrie. — Il n'est jamais permis de désespérer du salut de l
Patrie : aux plus grands désordres opposez une plus grande sagess
aux plus grands périls opposez un plus grand courage. La Républiq
peut périr : mais la consolation d'un bon citoyen en s'ensevelissa
sous ses ruines, c'est d'avoir tout tenté pour la sauver.

MABLY. Entretiens de Phocion.

TROISIÈME TRIMESTRE.

38. Le Canton.

Le canton est une étendue de territoire qui comprend
plusieurs communes.

Notre canton compte   communes. Le chef-lieu est

Le canton n'est pas une circonscription administrative
comme l'arrondissement ; ce n'est qu'une division territoriale.

Au chef-lieu de canton siègent le percepteur (finances) le
juge de paix (justice) et l'agent-voyer (travaux publics) un
délégué cantonal (instruction publique).

C'est là que se font les opérations du tirage au sort et du
conseil de révision.

Le canton élit un conseiller d'arrondissement et un conseiller général et ainsi il prend part à la direction des
affaires départementales.

Le canton n'a pas d'administration spéciale, et le gouvernement n'y a pas de représentant.

On essaya autrefois de donner au canton une administration propre avec un Conseil cantonal et un budget. La
Constitution de 1795 l'avait organisé comme l'arrondissement. L'essai ne réussit pas. La Constitution de l'an VIII
abolit les dispositions de la précédente loi. La même tentative échoua de nouveau en 1848.

39. L'Arrondissement. — Le sous-préfet.

L'arrondissement est une subdivision administrative et
le ressort du tribunal civil.

Il est administré par un sous-préfet assisté d'un Conseil
d'arrondissement. (L'arrondissement préfectoral est directement administré par le préfet.)

Le sous-préfet est le subordonné et l'auxiliaire du préfet.

Il transmet les ordres de l'autorité supérieure aux maires
à l'ensemble des citoyens.

Il communique au préfet les renseignements dont celui-ci
a besoin et prépare les affaires à lui soumettre.

Il prend des mesures pour assurer la sécurité publique.

Il préside aux opérations du tirage au sort et fait partie
du Conseil de révision où il a voix consultative.

En cas d'urgence il a un pouvoir aussi étendu que celui
du préfet.

Ses actes sont contrôlés par le préfet qui les réforme ou
les annule.

Le sous-préfet est nommé par le président de la République sur la proposition du ministre de l'Intérieur.

Electeur, ne dis jamais : Je n'irai pas voter, ce n'est pas une voix
fera une affaire dans le résultat final ! C'est là une grave erreur.

40. Le Conseil d'arrondissement.

Le conseil d'arrondissement comprend autant de memb
qu'il y a de cantons dans l'arrondissement.

Les conseillers d'arrondissement sont élus pour 6 ans.

Le conseil a par an une session divisée en deux parti
une à Pâques, l'autre en août.

Il s'occupe des intérêts de l'arrondissement :

Il répartit entre les communes les contributions direc
que doit payer l'arrondissement.

Il donne son avis sur quelques questions, comme l'é
blissement ou le changement des foires, des marchés,
la part que doit payer chaque commune dans les trava
qui intéressent plusieurs communes, etc.

Il émet des vœux sur certaines questions, comme la co
truction des lignes de chemins de fer, d'écoles, la créati
de caisses de secours pour les ouvriers, etc.

41. Le département. — Le préfet.

Le département est administré par le préfet assisté d'
conseil de préfecture et d'une commission départementa

Le préfet est agent de l'État : il fait exécuter les lois,
assure l'ordre public, il dirige la police départementale
est le supérieur de tous les fonctionnaires du départeme

Le préfet représente le département : il prépare le budg
signe les marchés. Il étudie les questions d'administrati
avant de les soumettre au conseil général ; il exécute l
décisions de ce dernier.

Le préfet est nommé par le Président de la République.

La prospérité d'un pays dépend moins des lois que des citoye
Les lois ne sont pas toujours parfaites ; avons-nous le droit pour c
de nous insurger? Non. Leurs défectuosités ne doivent pas nous fa
méconnaître leur excellence à d'autres titres. Ayons sans cesse p
sente à l'esprit cette pensée que ce ne sont pas toujours les bons o
tils qui font les bons ouvriers, mais bien les bons ouvriers qui font
bons outils. Il en est de même des citoyens et des lois. Il est évide
qu'il est impossible de faire des lois capables de satisfaire tout le mond
quelles que soient l'expérience, la science et les bonnes intentions d
législateurs, ils n'arriveront jamais à faire des règlements irréprochabl
Il est donc du devoir des citoyens de compléter les heureux effets des l
en faisant de leur propre initiative ce que celles-ci ne peuvent prescri
Il leur suffit de vouloir et tout ira bien dans l'immense machine qu'on a
pelle l'État. Qu'ils veuillent donc, qu'ils s'acquittent assidûment et con
ciencieusement de leurs devoirs, qu'ils soient raisonnables dans leur
désirs et leurs prétentions, qu'ils sachent aussi souffrir un peu pour le bi
commun; les affaires du pays seront mieux gérées et plus prospér
et chacun tirera son profit du bien général.

Aucun des candidats qui briguent nos suffrages ne nous plaît ; votons
pur celui dont les opinions se rapprochent le plus des nôtres !

40. Le conseil d'arrondissement.

Le conseil d'arrondissement comprend autant de membres
qu'il y a de cantons dans l'arrondissement.

Ce conseil ne peut avoir moins de neuf membres. Si l'arrondissement compte moins de 9 cantons, les plus peuplés
lisent deux conseillers. Les conseillers d'arrondissement
ont élus pour 6 ans. Ils sont renouvelés par moitié tous
les 3 ans.

Ce conseil a une session par an divisée en deux parties ;
une précède, l'autre suit la session du conseil général.

Il s'occupe des intérêts de l'arrondissement :

Il répartit entre les communes la somme totale des contributions directes que doit payer l'arrondissement.

Il donne son avis sur l'établissement, le changement ou
la suppression des foires et des marchés, sur la part que
doit payer chaque commune dans les travaux qui intéressent
plusieurs communes, sur les changements proposés à la
circonscription du territoire, de l'arrondissement, du canton, etc. Il émet des vœux sur certaines questions, comme
la construction d'une ligne de chemins de fer, la taxe des
lettres, la construction d'écoles, la création de caisses de
secours pour les ouvriers, les marins, etc.

41. Le département. — Le préfet.

Le département est la principale des divisions administratives. Il est administré par le préfet assisté d'un conseil
général, d'un conseil de préfecture et d'une commission
départementale.

Le préfet a des attributions nombreuses et importantes :

1° *Il est agent de l'État :* il représente l'autorité et l'administration ; il transmet aux autorités locales les lois, les arrêts,
les règlements du gouvernement et les fait exécuter ; il
assure l'ordre public, il dirige la police départementale, il
est le supérieur de tous les fonctionnaires du département ;
il nomme à divers emplois.

Il est chef d'administration et à ce titre il s'occupe de la
voirie, des travaux publics, des finances et prend les mesures
que ces affaires nécessitent.

2° *Il représente le département :* il prépare le budget, il
signe les marchés et les contrats ; il étudie les questions
d'administration départementale et les soumet au conseil
général. Quand celui-ci a pris des décisions le préfet les
exécute.

Une commission départementale aide le préfet et surveille son administration.

Le préfet est nommé par le président de la République
sur la proposition du ministre de l'intérieur.

Les citoyens français choisissent leurs représentants pour agir à le place, au mieux de leurs intérêts et conformément à leurs volontés.

42. Le Conseil général.

Le Conseil général comprend autant de membres qu'il a de cantons dans le département.

Le Conseil général de notre département compte   membres.

Le Conseil est élu pour six ans et renouvelable par moit tous les trois ans.

Pour être éligible auConseil général il faut être França et électeur, être âgé de vingt-cinq ans, payer les contribu tions directes dans le département,

La loi interdit les fonctions de conseillers généraux au préfets, sous-préfets, officiers de l'armée active, juges d paix, etc.

43. Le Conseil général (suite).

Le Conseil général a chaque année deux sessions ordi naires, l'une après Pâques, l'autre en août.

Il s'occupe des intérêts généraux du département.

Il répartit entre les arrondissements la somme des contri butions directes que le département doit payer à l'Etat.

Il discute le budget, contracte les emprunts.

Il règle les affaires qui se rapportent aux foires et marchés à la construction et à l'entretien des édifices et des chemin départementaux.

Extrait des travaux du Conseil général du Nord.

Vœux. — Le Conseil dépose différents vœux demandant : 1° la création d'un concours départemental d'animaux reproducteurs de la race bovine montoise dans les arrondissements de Valenciennes e Douai ; 2° un secours exceptionnel pour les cultivateurs des environ de St-Amand qui ont été victimes de la grêle ; 3° que la station agro nomique du Nord publie un état des essais de terres dans le départe ment pour que les cultivateurs soient éclairés sur l'achat des engrai dont ils ont besoin ; 4° que les gisements de phosphate de chaux de l'Algérie ne puissent être désormais concédés qu'à des Français et au mieux des intérêts de l'agriculture française et algérienne ; 5° que les pouvoirs publics prennent des mesures pour empêcher que le sous-so des villes et des villages ne soit contaminé par les engrais humains par suite de la perméabilité des fosses d'aisance, des fosses à purins etc. ; 6° que le canal de la Basse-Deûle soit couvert et assaini, afin de mettre un terme aux graves dangers d'insalubrité qui résultent de la situation présente ; 7° que des mesures soient prises pour remédier au délaissement des plages françaises ; 8° que le délai de présentation, e par suite de libération sans frais, des effets à échéance de fin de mois soit de deux jours, non compris les jours fériés ; 9° que les droits de douane sur la mélasse soient portés à 10 fr. les 100 kilogr. ; 10° que les droits de douane soient établis sur les graines oléagineuses, les fruits venant de Belgique ; 11° qu'une autonomie plus grande soit accordée aux Chambres de commerce ; 12° l'abaissement à 10 centimes de la taxe des lettres circulant à l'intérieur de la France, et à 5 centimes

n administration toutes les mesures devraient être fondées sur la raison
'appuyer sur l'expérience.

42. Le Conseil général.

.e Conseil général comprend autànt de membres qu'il y
e cantons dans le département.
Votre département compte   cantons ; il y a donc
mbres dans le Conseil général.
'e Conseil est élu pour six ans et renouvelable par moitié
is les trois ans.
'our être éligible au Conseil général il faut être Français
électeur, âgé de 25 ans, être domicilié dans le départe-
nt ou y payer des contributions directes.
.a loi interdit à certains fonctionnaires d'exercer en même
ips les fonctions de conseillers généraux : ce sont les
ompatibilités. Les préfets, sous-préfets, secrétaires géné-
ix, procureurs et avocats généraux, juges de paix, gé-
aux, commissaires de police, etc., sont dans ce cas.
'autres agents de l'Etat qui possèdent un certain pouvoir
peuvent se faire élire dans l'arrondissement ou le canton
ils exercent leur autorité : tels sont les ingénieurs des
its-et-chaussées, les recteurs et inspecteurs d'écoles, les
nistres des cultes, etc.

43. Le Conseil général (suite).

e Conseil général a chaque année deux sessions ordi-
res.
  La session dans laquelle sont délibérés le budget et les
iptes commence de plein droit le premier lundi qui suit
5 août, et ne peut être retardée que par une loi. »
a session d'août dure un mois au plus ; l'autre, qui com-
ice le premier lundi qui suit les fêtes de Pàques, dure
plus quinze jours.
e Conseil général peut être réuni en sessions extraordi-
res, dont la durée ne peut excéder huit jours.
e Conseil général s'occupe des intérêts généraux du
artement :
  répartit entre les arrondissements la somme des contri-
ions directes que le département doit payer à l'Etat : il
ute le budget, vote les centimes additionnels, contracte
emprunts. Il détermine la part que doit payer le dépar-
ent dans les travaux dont il profite et que l'Etat exécute.

---

des cartes postales ; 13° la création de bureaux de poste à Aban-
, Bellignies, etc. ; 14° l'organisation dans la ville de Dunkerque
service téléphonique de nuit, que le tarif des abonnements télé-
iques soit remanié de manière à réduire considérablement la taxe
lémentaire appliquée aux réseaux annexes.

Sous un régime représentatif comme en France, l'électeur est le vérita
maitre de ses destinées.

44. Le conseil général (fin).

Le conseil général émet des vœux sur les questions éc
nomiques ou administratives, comme la durée de la journ
de travail, etc.

Le conseil n'a le droit de délibérer que sur les objets q
sont dans ses attributions.

Il ne doit pas s'occuper de questions politiques.

Il ne peut se réunir qu'aux époques déterminées par
loi ou lorsqu'il a été convoqué par le préfet.

45. La commission départementale. — Le conseil
de préfecture.

La commission départementale se compose de quatre
sept membres du conseil général élus par leurs collègu
Cette commission surveille l'administration du préfet.

Le conseil de préfecture se compose de trois à qua
membres nommés par le chef de l'Etat. Il juge les dif
rends entre les citoyens et les administrations. Il donne d
avis au préfet. Il vérifie les comptes des receveurs des co
munes, des hospices et autres établissements de bienfaisan

Conseil général du Nord (fin). —15° L'établissement d'une ha
pour les trains tramways à Courchelette au lieu dit : la Voute; 16°
mise en marche d'un train supplémentaire sur la ligne de Somai
Aniche; 17° que les fraudes sur l'alcool soient énergiquement réprimé
18° La création d'un débit de tabac et de papier timbré à la gare
Dron; 19° que l'impôt sur l'alcool ne soit pas supérieur à 170 fr.
hectolitre; 20° que le droit de circulation soit de 1 fr. sur les vins,
0.80 sur les cidres, les poirés et l'hydromel, de 0,30 sur la bière;
que le privilège des bouilleurs de cru soit aboli; 22° que les art. 16
163 du code de commerce soient modifiés; 23° que l'institut indust
du Nord soit compris parmi ceux auxquels la loi du 15 juillet 1
accorde une dispense de deux années de service militaire : 24° l'ap
cation des mesures propres à assurer le secret du vote dans toutes
élections; 25° la nomination d'un professeur d'agriculture pour arr
dissement, et l'organisation de cours d'agriculture dans les collè
communaux.

Le conseil adopte les conclusions de plusieurs rapports et vote
crédits suivants : construction d'un tribunal civil à Hazebrouck, 84000
loyer d'immeubles et de casernement de la gendarmerie, 60350
dépenses du service cadastral, 40 000 fr : bourses à l'école des arts
métiers de Châlons 2850 fr.; encouragement des belles actions, 1 600
secours aux sapeurs pompiers et à leurs veuves, 1000 fr.

Avis. — Le conseil donne un avis favorable au projet de règlem
présenté par l'administration pour la constitution d'une caisse d'as
rance en faveur des ouvriers des tabacs; il émet l'avis que les cons
municipaux soient autorisés à ne voter qu'une ou deux journées
prestations individuelles, à convertir la prestation individuelle en t
vicinale, et que les contribuables soient admis à se libérer soit par
journées, soit par des tâches ou des fournitures de matériaux, d
taxe représentative de la prestation.

L'unité est un bienfait pour un Etat, car elle le rend indestructible. »

44. Le conseil général (fin).

e conseil général règle définitivement les affaires qui se portent aux propriétés, aux procès du département, aux es et marchés, à la construction et à l'entretien des édi-s, des routes et des chemins.

donne son avis au gouvernement sur quelques questions, exemple, sur les changements proposés aux limites du artement, des arrondissements, des cantons ou des com-es.

émet des vœux sur les questions économiques ou ad-istratives, comme la protection de la santé publique, la ée de la journée de travail, les modifications à apporter tarif douanier, etc. Il ne peut émettre de vœux po-ques.

Tout acte et toute délibération d'un conseil général tif à des objets qui ne sont pas compris dans ses attri-ions sont nuls et de nul effet. »

Commission départementale. — Conseil de préfecture.

a commission départementale se compose de quatre à t membres.

e sont des conseillers généraux élus par leurs collègues. haque année cette commission est renouvelée entiè-ent.

lle se réunit au moins une fois par mois à la préfecture. a commission départementale contrôle les actes du préfet ntervient dans l'administration (finances, travaux, che-s vicinaux, etc.),

e conseil de préfecture est composé de trois ou quatre mbres nommés par le Président de la République sur la position du Ministre de l'Intérieur.

° Ce conseil juge toutes les affaires contentieuses : c'est principale attribution.

es matières qu'il juge sont nombreuses : les contributions ectes, les travaux publics, les grandes routes et les che-s vicinaux, les élections des conseils de prud'hommes, etc. peut infliger des amendes.

° Il donne au préfet son avis sur des questions d'impôts, travaux publics, d'élections, d'administration com-nale.

° Il vérifie les comptes des receveurs des communes, ctroi, des hospices et autres établissements de bienfaisance.

° Souvent les conseillers de préfecture suppléent le pré-ou un sous-préfet, ou président le conseil de révision, etc.

Dans un pays libre il faut que toutes les opinions puissent se manifeste[r]
même celles qui déplaisent le plus au parti dominant.

Organisation de la Puissance publique en France.

46. Autorité. — Puissance publique.

La France s'administre elle-même. Elle choisit d[es]
hommes, qu'on nomme des agents, qu'elle charge de fai[re]
les affaires du pays.

Pour que ces agents puissent bien s'acquitter de leu[r]
tâche, la nation leur délègue l'autorité qui leur est néce[s]
saire.

On entend par autorité le pouvoir qu'a un agent de l'Et[at]
de faire exécuter ce qu'ordonne la loi.

Au lieu d'autorité on dit aussi pouvoir ou puissance.

En France la puissance publique comprend trois grand[s]
pouvoirs : le pouvoir législatif, le pouvoir exécutif, le po[u]
voir judiciaire.

47. Le Pouvoir législatif. — La Chambre des députés.

Le pouvoir législatif est le pouvoir de faire les lois.

Il est exercé par la Chambre des députés et le Sénat.

La Chambre des députés compte 581 membres.

Les députés sont élus pour quatre ans par le suffra[ge]
universel direct.

Les élections se font au scrutin uninominal et par arro[n]
dissement.

L'arrondissement nomme autant de députés qu'il comp[te]
de fois cent mille habitants.

Notre arrondissement compte   habitants. Il é[lit]
donc   députés.

Élection des députés. — La loi du 30 novembre 1875 dit :
« Nul n'est élu au premier tour de scrutin s'il n'a réuni : 1° La m[a]
jorité absolue des suffrages exprimés ; 2° Le nombre de suffrages é[gal]
au quart des électeurs inscrits. Au deuxième tour, la majorité relati[ve]
suffit. En cas d'égalité de suffrages, le plus âgé est élu. »

On entend par majorité le plus grand nombre de voix. La majori[té]
est absolue quand le nombre de voix recueillies par un candidat [est]
plus grand que la moitié des votants. La majorité est relative quand [un]
candidat a plus de voix qu'un concurrent. Une élection venant d'av[oir]
lieu, les journaux en rendent compte et écrivent ce qui suit :

Nombre d'électeurs inscrits sur la liste électorale . 5.217
Nombre de votants. 4.120
Majorité. 2.061

M. Dubois a obtenu : 3.043 voix ; M. Tencin a obtenu : 851 voi[x]
Divers ont obtenu : 69 voix ; M. Dubois élu.

Il aurait pu se faire que M. Dubois n'ait obtenu que 1.800 voi[x]
M. Tencin, 1.432, c'est-à-dire un nombre de voix inférieur au chiffre [de]
la majorité absolue 2.031. Dans ce cas personne n'aurait été élu et [on]
aurait procédé à un second tour. Supposons que ce second scrutin [ait]
donné les résultats suivants : M. Dubois, 1.947 suffrages, M. Tenc[in]
1.306, etc. Le premier eût été élu à la majorité relative.

ans un pays libre comme le nôtre les citoyens s'honorent en respectant
chefs qu'ils se sont donnés.

Organisation de la Puissance publique en France.

6. Autorité. — Puissance publique.

La nation française s'administre elle-même. Elle choisit
s hommes (agents) qu'elle charge de faire les affaires du
ys.
Pour que ces agents puissent bien s'acquitter de leur
:he, elle leur délègue l'autorité qui leur est nécessaire.
« Le principe de toute souveraineté réside essentiellement
ns la nation. Nul corps, nul individu ne peut exercer
utorité qui n'en émane expressément. » (Art. 3. Droits
l'homme et du Citoyen).
On entend par autorité le pouvoir qu'a un agent de l'Etat
faire exécuter par les citoyens les prescriptions de la loi,
ses propres décisions prises conformément aux lois.
Les agents qui prescrivent, font exécuter ou exécutent
s ordres arbitraires sont punis.
Au lieu d'autorité on dit aussi pouvoir ou puissance.
L'autorité que possède l'ensemble des agents de l'Etat et
s législateurs s'appelle puissance puolique.
La puissance publique est partagée en trois grands pou-
irs publics : le Pouvoir législatif, le Pouvoir exécutif, le
uvoir judiciaire.

47. Le Pouvoir législatif. — La Chambre des députés.

Le pouvoir législatif est le pouvoir de faire les lois.
Il est exercé par deux assemblées : la Chambre des
putés et le Sénat.
La Chambre des députés est formée des représentants de
France et de ses colonies. Elle compte 581 membres.
Les députés sont élus pour quatre ans par le suffrage
iversel direct. Les élections se font au scrutin uninomi-
l et par arrondissement.
Au scrutin uninominal chaque électeur inscrit sur son
lletin de vote le nom d'un seul député.
L'arrondissement nomme un député pour cent mille
bitants et au-dessus de ce nombre, pour toute fraction de
nt mille.
Notre arrondissement compte   habitants : il élit donc
 députés. Notre département est représenté par   députés.
Tout candidat à la députation doit en faire la déclaration
 préfet du département dans lequel il se présente.
Les fonctionnaires salariés par l'Etat, quelques magis-
ats, les militaires et les marins en activité ne sont pas
igibles comme députés.

Dans une assemblée politique, la majorité doit se défendre contre la tentation d'abuser de la loi du nombre et d'opprimer la minorité.

48. Le Sénat.

Le Sénat est une assemblée composée de 300 membres.

Les Sénateurs sont élus pour neuf ans par les Collèges électoraux. Tous les trois ans un tiers de sénateurs est renouvelé.

Les Collèges électoraux sont composés des députés, des conseillers généraux, des conseillers d'arrondissement et des délégués des conseils municipaux.

Les élections ont lieu au chef-lieu de chaque département.

Chaque département nomme plusieurs sénateurs. Le nôtre élit   sénateurs.

La loi de 1875 avait créé des sénateurs à vie (inamovibles). La loi de 1884 les a supprimés. Aujourd'hui tous les sénateurs sont élus.

49. Electeurs et éligibles.

On appelle électeurs les citoyens qui ont le droit de vote.

Les citoyens sont éligibles, cela veut dire qu'ils peuvent être élus comme conseillers, députés ou sénateurs.

Pour être éligible comme conseiller ou député, il faut être Français et âgé de 25 ans.

Pour être éligible comme sénateur il faut être Français et âgé de 40 ans.

Validation. — Dès qu'un député est élu, il se rend à la Chambre des députés qui, avant de l'admettre dans son sein, vérifie ses pouvoirs. Elle examine si l'élu est Français, s'il a 25 ans, s'il jouit de ses droits civils et politiques, si son élection a été légalement faite. S'il réunit toutes les conditions imposées par la loi, la Chambre valide son élection. Dans le cas contraire, elle prononce l'invalidation, et les électeurs sont appelés à de nouvelles élections.

Cette vérification des pouvoirs se fait pour tous les membres des corps élus.

Le mandat impératif. — Certaines gens disent : notre député est notre mandataire, il agit en notre nom, c'est donc à nous à lui prescrire comment il doit voter. Voilà ce que l'on appelle le mandat impératif. La loi ne l'admet pas, à cause des graves inconvénients qu'il présente. Tout d'abord, les électeurs ne sont pas d'accord entre eux; c'est toujours un petit groupe de personnes, un comité, qui parle au nom des autres; ce comité ne représente que rarement la majorité. D'autre part si tous les députés étaient liés par un mandat impératif, il n'y aurait pas à la Chambre d'accord possible. Pour que les hommes d'un même pays puissent vivre en bonne harmonie il faut qu'ils se fassent des concessions mutuelles : les députés ont donc besoin de toute leur liberté d'action. Nous devons enfin admettre que la plupart des électeurs n'ont guère l'expérience nécessaire au règlement des affaires publiques. Occupés tout le jour aux travaux de leurs professions, n'ayant pas le temps d'étudier, ne faisant de la politique que dans leurs moments de loisir, ils ne peuvent savoir mieux ce qu'il faut à la France que la réunion des hommes les plus instruits, souvent très expérimentés, qui étudient sans cesse les questions à

es législateurs ont le devoir de respecter une autorité supérieure à la
, celle de la raison et de la conscience.

48. Le Sénat.

e Sénat est une assemblée de 300 membres qui exerce le
voir législatif avec la Chambre des députés.
es Sénateurs sont élus pour neuf ans par le suffrage
treint. Tous les trois ans un tiers des sénateurs est
ouvelé.
es élections ont lieu aux chefs-lieux des départements et
ont au scrutin de liste par les Collèges électoraux.
es Collèges électoraux sont composés des députés, des
nseillers généraux, des conseillers d'arrondissement et
délégués des Conseils municipaux.
u scrutin de liste chaque électeur inscrit sur son bul-
in la liste des noms des citoyens qu'il veut élire en qua-
de sénateurs.
haque département élit de un à dix sénateurs. Le nôtre
élit
ertains citoyens ne peuvent pas remplir les fonctions de
ateur. Ce sont les magistrats, les préfets, les sous-préfets,
trésoriers-payeurs généraux, les fonctionnaires, etc.
a Constitution de 1875 avait créé deux catégories de
ateurs. 225 étaient éligibles et renouvelables : c'étaient
amovibles ; 75 étaient nommés à vie : c'étaient les ina-
vibles. La loi du 9 décembre 1884 a supprimé ces der-
rs qui sont remplacés par voie d'extinction par des
ateurs élus.

49. Electeurs et éligibles.

n appelle électeurs les citoyens qui ont le droit de vote.
es citoyens sont éligibles, cela veut dire qu'ils peuvent
e élus en qualité de conseillers municipaux, généraux et
rrondissement, de députés ou de sénateurs.
ous les Français sont électeurs lorsqu'ils ont 21 ans
olus et qu'ils jouissent de leurs droits civils et politiques :
sont inscrits sur la liste électorale politique.
our être éligible comme député il faut avoir 25 ans
olus ; pour être éligible comme sénateur il faut avoir
ans révolus. Dans les deux cas, il faut être Français et
ir de ses droits civils et politiques.
es députés sont élus par le suffrage direct : cela veut
e qu'ils sont élus directement par les électeurs.
es sénateurs sont élus par le suffrage indirect ou res-
int, c'est-à-dire par les élus du suffrage universel.

---

dre du jour, qui se renseignent, entendent les vues de leurs col-
es et sont ainsi dans les conditions les plus favorables pour prendre
mesures qui conviennent à l'ensemble du pays. C'est pour ces
ons que la loi « déclare le mandat impératif nul et de nul effet .»

« Aucun membre de l'une ou l'autre Chambre ne peut être poursuivi ou recherché à l'occasion des opinions ou votes émis par lui dans l'exercice de ses fonctions. »

50. Confection de la loi.

La loi est faite par les Chambres.

Les députés, les sénateurs, les ministres et le Président de la République peuvent présenter des projets de lois.

Tout projet de loi qui a été reçu ou pris en considération est étudié par une Commission, puis discuté par l'une des Chambres qui l'accepte ou le rejette.

Le projet accepté est ensuite discuté par l'autre Chambre qui y fait les changements qu'elle justifie.

Quand la loi est définitivement votée, le Président de la République la promulgue.

Note sur la confection des lois. — Il n'y a pas d'ordre déterminé pour la discussion des lois. Si les projets sont présentés par les sénateurs, le Sénat les discute et les envoie ensuite à la Chambre des députés ; si les propositions de lois sont faites par les députés, la Chambre en commence la discussion. Le gouvernement seul a le choix ; toutefois s'il s'agit de lois financières il doit présenter ses projets à la Chambre des députés. Car elle est la seule autorité qui puisse créer ou augmenter les impôts ; le Sénat n'a le droit que de refuser son consentement. Quand ce consentement fait défaut, si l'on ne parvient pas à se mettre d'accord il n'y a pas de loi.

« Le chef de l'Etat a un mois pour promulguer la loi. Si, dans le mois, il avait un scrupule, il aurait le droit de demander aux Chambres une nouvelle délibération qui ne peut être refusée. Les Chambres peuvent maintenir leurs votes précédents : alors le Président de la République ne peut que publier la loi qui est définitivement adoptée. »

La confection des lois est difficile. — C'est une besogne difficile que de faire des lois justes et utiles. Il faut en effet sauvegarder les intérêts des citoyens, respecter leurs droits et libertés en même temps qu'il faut conserver intacte la puissance gouvernementale. Rien n'est simple comme de demander des réformes, mais rien non plus ne soulève autant de difficultés que de les accomplir. Il est très délicat de concilier des choses qui sont en antagonisme. Faut-il nous étonner, après cela, de la lenteur avec laquelle nos mandataires élaborent les lois ? Ils étudient longuement les projets, ils entament de longs débats, ils pèsent les avantages et les inconvénients des nouvelles mesures proposées ; ils apportent dans leurs travaux une attention soutenue, un soin méticuleux, ils tiennent compte de mille considérations avant de prendre une décision. Parfois nos législateurs se heurtent à l'égoïsme féroce des individus qui se servent de tous les moyens pour conserver leurs privilèges. Il leur faut alors du courage pour poursuivre jusqu'au bout leur œuvre d'amélioration sociale. En tout temps ils ont d'ailleurs besoin de grandes lumières et de beaucoup de dévouement. Nous, citoyens, nous devons leur en savoir gré ; nous devons leur faciliter la tâche et éviter tout ce qui pourrait porter atteinte à l'indépendance qui leur est nécessaire pour accomplir leur mission selon leur conscience.

Aucun membre de l'une ou de l'autre Chambre ne peut, pendant la durée
a session, être poursuivi ou arrêté en matière criminelle ou correction-
qu'avec l'autorisation de la Chambre dont il fait partie, sauf le cas de
ant délit. »   (Loi du 16 juillet 1875.)

50. Confection de la loi.

I.

a loi est l'expression de la volonté générale. Elle est
e par les Chambres.

es députés et les sénateurs peuvent faire des propositions
lois : c'est ce qu'on appelle droit d'initiative parlemen-
·e.

e droit de présenter des projets de lois appartient essen-
lement au gouvernement ; c'est l'initiative gouverne-
ntale.

es propositions du ministère portent le nom de projets
lois ; ils doivent toujours être examinés. Les propositions
députés ou sénateurs sont prises en considération ou
t écartées.

e projet reçu ou la proposition prise en considération est
dié par une Commission nommée à cet effet. Elle en cor-
e le texte, le maintient ou le supprime. Un rapporteur
ose le travail à l'Assemblée.

II.

ans la discussion d'un projet de loi, les députés ou séna-
rs qui ont un avis à donner l'expriment ; puis ils votent
r le projet et l'acceptent ou le repoussent. Le projet
epté est voté en seconde lecture vingt jours au moins
ès la première discussion.

l est communiqué à l'autre Chambre qui le discute à son
r et y apporte les modifications qu'elle juge nécessaires
La loi est définitivement votée quand les deux Chambres
t d'accord sur un texte unique.

e Président de la République la promulgue et la fait
blier. On l'insère au *Journal officiel* et au *Bulletin des lois*.
Alors tous les citoyens sont censés la connaître et lui
ivent obéissance.

le Président de la République est le premier magistrat du pays; il a d[...]
au respect de tous.

51. Le Parlement.

Le Parlement est le nom par lequel on désigne souve[...]
la Chambre des députés et le Sénat.

Le Parlement fait les lois, discute et vote le budget de [...]
France.

Quand les deux Chambres sont réunies en une seu[...]
assemblée, elles prennent le nom d'Assemblée nationale.

L'Assemblée nationale nomme le président de la Rép[...]
blique ou révise les lois constitutionnelles.

Le Parlement peut être formé en tribunal suprême po[...]
juger le chef de l'Etat ou les ministres qui n'ont pas respec[...]
la loi.

Le Sénat peut autoriser le Président de la République [...]
dissoudre la Chambre des députés.

52. Le Pouvoir exécutif. — Le Président de la Républiqu[...]

Le pouvoir exécutif est le pouvoir de faire exécuter l[...]
lois. Il est exercé par le Président de la République et par l[...]
ministres.

Le Président de la République est le chef de l'Etat.

Il est élu pour sept ans par le Sénat et la Chambre d[...]
députés réunis en Assemblée nationale.

Le Président de la République a des fonctions importante[...]
il présente les projets de lois au Parlement ; il promulg[...]
les lois qui ont été votées par les Chambres ; il fait des d[...]
crets pour en assurer l'exécution ; il commande les armé[...]
de terre et de mer ; il nomme aux emplois civils et mi[...]
taires ; il choisit les ministres ; il exerce le droit de grâc[...]
il peut dissoudre la Chambre des députés.

Le président de la République est responsable dans le c[...]
de haute trahison.

Le pouvoir législatif exercé par deux Chambres. — [...]
Constitution de 1875, qui nous régit actuellement, a investi deux asse[...]
blées du pouvoir législatif. Toutes deux examinent et discutent les l[...]
l'une après l'autre ; et les mesures qui ont supporté cette doub[...]
épreuve sont généralement bonnes. Le Sénat est le modérateur de [...]
Chambre des députés ; il en empêche les écarts, il corrige ses erreur[...]
il prévient les usurpations de pouvoir auxquels elle pourrait se livre[...]
il met un frein à ses trop grandes passions ; et si elle entrait en lut[...]
avec le gouvernement, si ses actes étaient contraires à l'esprit des lo[...]
ou si elle n'était plus d'accord avec l'opinion publique, le Sénat aut[...]
riserait le chef de l'Etat à la dissoudre. Ce droit de dissolution est sal[...]
taire. Les Assemblées qui n'y ont pas été soumises « ont usurpé s[...]
les autres pouvoirs et même sur les libertés nationales, ou bien o[...]
été violemment dissoutes. La Convention s'est rendue omnipotent[...]
l'Assemblée nationale de 1871 a essayé d'imposer à la France u[...]
série de coups d'Etat : la Législative de 1849 a été dispersée au 2 d[...]
cembre. » (Rambaud.) La Constitution actuelle rend presque impossi[...]
cette anarchie et garantit à notre pays l'ordre et la liberté.

la première qualité qu'une nation doit exiger de ses chefs, c'est l'honnêteté.

81. Le Parlement.

Le Parlement est le nom par lequel on désigne souvent la Chambre des députés et le Sénat.

Le Parlement règle les affaires générales de la France :

Il fait les lois, discute et vote le budget. Il éclaire le gouvernement sur la marche à donner aux affaires, contrôle ses actes, et peut lui en demander compte.

Réunies en une seule Assemblée, les deux Chambres prennent le nom d'Assemblée nationale. L'Assemblée nationale ne peut être convoquée que pour nommer le Président de la République, ou réviser les lois constitutionnelles.

Le Parlement s'érige en tribunal suprême pour juger les membres du pouvoir exécutif qui ont attenté contre la sûreté de l'Etat.

Le Sénat peut, conformément aux lois, autoriser le Président de la République à dissoudre la Chambre des députés quand celle-ci est en contradiction complète avec le Sénat, ou quand elle cherche à détruire la Constitution ou à en rendre le fonctionnement impossible.

En cas de dissolution les électeurs sont réunis dans le délai des deux mois pour élire une nouvelle Chambre.

2. Le Pouvoir exécutif. — Le Président de la République.

Le pouvoir exécutif est le pouvoir de faire exécuter les lois.

Il est exercé par le Président de la République et par les ministres.

Le Président de la République est le chef de l'Etat et le représentant de la France. Il est élu pour sept ans à la majorité absolue des suffrages par le Sénat et la Chambre des députés réunis en Assemblée nationale. Il est rééligible.

Le Président de la République a des attributions importantes qui ont été nettement établies par la Constitution du 5 février et par la loi du 16 juillet 1875 :

Il a l'initiative des lois, concurremment avec les deux chambres ; il promulgue les lois, il en surveille et assure l'exécution par des décrets ; il dispose de la force armée, déclare la guerre ou signe la paix après avoir obtenu l'assentiment du Parlement ; il négocie et ratifie les traités ; il nomme à tous les emplois civils et militaires ; il exerce le droit de grâce.

Le Président de la République peut convoquer extraordinairement les Chambres ou les ajourner, et sur l'avis conforme du Sénat, dissoudre la Chambre des députés ; il préside aux solennités nationales et reçoit les représentants des puissances étrangères.

Ses actes sont contresignés par un ministre. Il n'est responsable que dans le cas de haute trahison.

Dans une société fondée sur la justice, les gouvernants ne doivent connaître ni pratiquer la faveur.

51. Les Ministres.

Les Ministres sont des serviteurs de l'Etat.

Ils exercent le pouvoir exécutif de concert avec le Président de la République.

Ils sont généralement choisis parmi les sénateurs et les députés et nommés par le Président de la République.

En France il y a onze Ministres. Ils forment le Ministère ou le cabinet qui dirige les affaires de l'Etat.

L'un des Ministres est le chef du Ministère. On l'appelle aussi le Chef du Cabinet, ou Président du Conseil.

Les Ministres sont responsables. Les Ministres coupables sont jugés par le Sénat.

52. Les Ministères.

Les affaires publiques se rapportent à différents objets et forment des services publics.

Chaque service public forme un Ministère.

Un Ministère est dirigé par un Ministre aidé d'un sous-secrétaire d'Etat

Chaque Ministre prend des arrêtés, édicte des ordres qu'il fait exécuter par ses agents spéciaux.

Il y a en France onze Ministères qui sont : le Ministère des Affaires étrangères, le Ministère de la Guerre, le Ministère de la Marine, le Ministère des Colonies, le Ministère de l'Intérieur, le Ministère de la Justice, le Ministère des Finances, le Ministère des Travaux publics, le Ministère de l'Agriculture, le Ministère de l'Industrie et du Commerce, le Ministère de l'Instruction publique.

Le gouvernement de cabinet. — La Constitution de 1875 a organisé chez nous le gouvernement de cabinet. On appelle ainsi le gouvernement d'un groupe de Ministres nommés par le chef de l'Etat mais qui dépendent en réalité du Parlement. Ces Ministres ne peuvent être choisis que parmi la majorité de la Chambre. Ils s'associent pour gouverner en commun sous la direction de l'un d'eux, et en général ils prennent le pouvoir et ils le quittent ensemble. Ils gouvernent avec l'appui des Chambres qui ont le droit de discuter leurs actes soit à l'occasion du vote du budget, soit au moyen d'interpellations. S'il survient un grave désaccord entre le ministère et les Chambres, celles-ci lui retirent leur confiance, ce qu'elles expriment par un vote hostile. Alors le cabinet démissionne, et le chef de l'Etat en constitue un nouveau ; en certaines circonstances, lorsque le Ministère croit être certain que la Chambre n'est plus d'accord avec l'opinion publique, au lieu de démissionner il demande au Président de la République de dissoudre la Chambre : les électeurs sont appelés à en élire une nouvelle ; le dernier mot revient donc à la nation.

e rôle de l'Etat n'est pas de faire régner la vertu dans la société, mais
aire respecter la vie, la propriété, l'honneur de ses membres.

53. Les ministres. Le Gouvernement.

es Ministres sont des serviteurs de l'Etat.
Ils exercent le pouvoir exécutif de concert avec le Prési-
nt de la République et forment avec lui ce qu'on appelle
Gouvernement.
Par le mot Gouvernement on désigne l'ensemble des
ents qui exercent le pouvoir exécutif.
Le Gouvernement remplit un rôle de première importance.
défend les intérêts de la France à l'étranger ; à l'intérieur
veille à la sécurité des personnes, des propriétés, du tra-
il et du commerce ; il pourvoit aux besoins de la société
r les travaux, l'instruction, la justice, etc.
Ce sont les Ministres qui sont chargés de régler les
aires considérables que font naître les besoins et les in-
êts du pays.
Les Ministres sont généralement choisis parmi les séna-
irs et les députés et nommés par le Président de la Ré-
blique.
Il y a onze Ministres en France ; ils forment le Minis-
re ou le Cabinet.
L'un des Ministres en est le Président : on le désigne encore
us les noms de Président du Conseil ou Chef de Cabinet.
Les ministres sont solidairement responsables devant les
ambres de la politique générale du Gouvernement, et in-
viduellement de leurs actes personnels.

54. Les Ministères.

Les affaires publiques se rapportent à différents objets
il forment des services publics : affaires étrangères,
erre, instruction publique, finances, etc.
Chaque service public, sauf les cultes, les postes, les beaux-
ts, forme un Ministère ; un Ministre en a la direction. Il
t secondé par un sous-secrétaire d'Etat.
Les services spéciaux des cultes, des postes, des beaux-
ts, ont à leur tête un directeur.
Chaque ministre est investi des pouvoirs et droits néces-
ires pour diriger les agents qu'il a sous ses ordres et à
ii il transmet une partie de son autorité.
Un Ministre, dans son département prend des arrêtés,
icte des ordres qu'il fait exécuter par ses agents spéciaux.
Il y a en France onze Ministères : le Ministère des Affaires
rangères, le Ministère de la Guerre, le Ministère de la
arine, le Ministère des Colonies, le Ministère de l'Intérieur,
Ministère de la Justice, le Ministère des Finances, le Mi-
stère des Travaux publics, le Ministère de l'Agriculture,
Ministère de l'Industrie et du Commerce, le Ministère de
nstruction publique.

Un Ministre doit-être un homme profondément honnête: il ne doit av
en vue que la sauvegarde des intérêts généraux de la nation.

55. Les Ministères (suite).

Le Ministère des Affaires étrangères règle toutes l
affaires entre la France et les puissances étrangères : trait
de commerce ou de paix, alliances ; il protège les Français
l'étranger.

Le Ministère de la Guerre organise l'armée, l'instru
l'entretient, et défend le territoire.

Le Ministère de la Marine est chargé de protéger et
défendre les côtes de France et nos colonies.

Le Ministère des Colonies dirige les affaires relatives
l'administration des colonies.

56. Les Ministères (suite).

Le Ministère de l'Intérieur dirige l'administration d
départements et des communes ; il veille à la sécurité
pays. Il dirige aussi les services de la Sûreté générale d
Prisons, de l'Hygiène et de l'Assistance publique.

Le Ministère de la Justice veille à ce que la justice so
rendue à tous les citoyens.

Le Ministère des Finances perçoit les recettes et paie l
dépenses de l'Etat.

Le Ministère des Travaux publics construit et entretie
les voies de communications (routes, canaux, chemins d
fer) et les ports ; il surveille l'exploitation des mines
carrières.

Mécanisme de l'administration. — Les ministres, agents
pouvoir exécutif et chefs de l'administration, résident à Paris. L
France est divisée en départements, les départements en arrondisse
ments, et les arrondissements en cantons composés généralement
plusieurs communes. Dans chaque département se trouvent un préfe
des sous-préfets et des agents de toutes les administrations. Quand u
ministre veut faire exécuter une mesure dans les départements,
s'adresse aux préfets ou à ses agents spéciaux. Le préfet, princip
agent du pouvoir exécutif, remplit souvent la tâche dont il est ain
chargé, mais plus souvent encore il la transmet aux sous-préfets
aux maires du département ; ceux-ci s'adressent toujours directemen
aux citoyens. Le préfet, les sous-préfets, les maires ont une autorité q
leur permet de régler les affaires de leurs circonscriptions spéciales. I
jouissent aussi d'une certaine indépendance qui ne peut-être que favo
rable aux intérêts du public ; mais le contrôle que le gouvernemen
central exerce sur leurs actes est la garantie d'une bonne adminis
tration.

Un homme qui est élevé au pouvoir ne change pas de conscience en même temps que de situation : le mal est toujours le mal, et le bien toujours le bien.

55. Les Ministères (suite).

Le Ministère des Affaires étrangères est chargé des relations politiques et commerciales de la France avec les puissances étrangères. Il négocie les traités de paix, les alliances, les traités de commerce ; il protège les Français qui habitent l'étranger.

Il y a dans tous les pays des agents diplomatiques : ambassadeurs, ministres plénipotentiaires ou chargés d'affaires et des agents commerciaux : consuls généraux, consuls, vice-consuls, agents consulaires.

Le Ministère de la Guerre est chargé de recruter l'armée, de l'organiser, de l'instruire, de l'entretenir et par conséquent de défendre le territoire.

Agents : généralissime, major général de l'armée, inspecteurs, gouverneurs, intendants.

Le Ministère de la Marine est chargé de la protection et de la défense des côtes et des colonies, de la protection de nos marins qui se trouvent à l'étranger et de notre commerce maritime.

Agents : préfets maritimes, commissaires de marine, syndics des gens de mer.

Le Ministère des Colonies dirige toutes les affaires relatives à l'administration des colonies.

Agents : gouverneurs.

56. Les Ministères (suite).

Le Ministère de l'Intérieur dirige l'administration des départements et des communes, et veille à la sécurité du pays. Il dirige aussi les services de la Sûreté générale, des prisons, de l'Hygiène et de l'Assistance publique.

Ses agents sont : préfets, sous-préfets, secrétaires généraux, conseillers de préfecture, commissaires de police, inspecteurs généraux des prisons et de l'assistance publique.

Le Ministère de la Justice veille à ce que la justice soit rendue partout et à tous.

Il a pour agents : avocats généraux, procureurs généraux, procureurs de la République, substituts.

Le Ministère des Finances perçoit les recettes et paie les dépenses de l'Etat.

Agents : inspecteurs, directeurs, trésoriers-payeurs généraux, percepteurs, contrôleurs, receveurs.

Le Ministère des Travaux publics construit et entretient les voies de communication (routes, canaux, chemins de fer) et les ports ; il surveille l'exploitation des mines et carrières.

Agents : inspecteurs généraux, ingénieurs des ponts et chaussées, conducteurs, agents-voyers, ingénieurs des mines, délégués à la sécurité des mineurs.

Un chef du pouvoir ne doit s'inspirer que de la justice, sans préoccupation de parti.

57. Les Ministères (suite).

Le Ministère de l'Agriculture étudie les questions qui peuvent favoriser le développement de l'agriculture. Il s'occupe de la culture du sol, de l'élevage des bestiaux, etc.

Le Ministère du Commerce et de l'Industrie veille aux intérêts du commerce et de l'industrie ; il prend des mesures pour en favoriser le développement et pour les rendre prospères.

Le Ministère de l'Instruction publique surveille l'enseignement et règle toutes les questions qui s'y rattachent.

58. Les Ministères (fin).

L'Administration des Cultes surveille tout ce qui se rapporte à l'exercice des cultes.

L'Etat reconnaît quatre cultes qu'il subventionne. Ce sont les cultes catholique, protestant, israélite et musulman.

L'Administration des Postes et des Télégraphes établit et dirige les communications postales, télégraphiques et téléphoniques.

L'Administration des Beaux-Arts est chargée de conserver les œuvres d'art et d'encourager les artistes.

Ces trois services publics ne forment pas de Ministères ; ils forment des Directions qui sont rattachées à l'un ou à l'autre Ministère.

La séparation des pouvoirs. — La Constitution de 1875 a garanti nos libertés en séparant les pouvoirs publics, en les faisant se contrôler les uns par les autres. Si la Chambre des députés essayait de réunir et d'exercer tous les pouvoirs comme l'a fait la Convention, ou si elle proposait de mauvaises lois, le Sénat rejetterait ses propositions ; ou, d'accord avec le Président de la République, la dissoudrait. Si, à son tour, le Sénat était animé d'un esprit de faction, il ne pourrait entraver la marche des affaires, car l'existence du ministère ne dépend pas de lui. Le Président de la République ne pourrait pas non plus conspirer contre la liberté, car ses Ministres refuseraient de contresigner ses actes, et la Chambre refuserait de voter l'impôt ; il ne pourrait remplacer les Ministres loyaux par des ministres factieux, car la Chambre les renverserait aussitôt ; il ne pourrait frapper la Chambre, car il faut un avis conforme du Sénat pour la dissoudre ; d'ailleurs son pouvoir est limité. En 1877, le maréchal de Mac-Mahon obtint d'un Sénat trop complaisant la dissolution de la Chambre ; les électeurs réélurent les mêmes députés ; le Président dut s'incliner devant la volonté nationale et quitta ses fonctions.

a vertu n'est pas une qualité suffisante pour gouverner, mais elle est
essaire. Sans elle les dons de l'intelligence ne sont que des puissances
faisantes.

57. Les Ministères (suite).

Le Ministère de l'Agriculture étudie les questions qui peu-
nt favoriser le développement de l'agriculture. Il s'occupe
la culture du sol, de l'élevage des bestiaux ; il surveille
xploitation des forêts.
Organisation : Institut agronomique, écoles d'agricul-
re, concours agricoles, stations agricoles.
Agents : Conservateurs, inspecteurs, professeurs dépar-
mentaux.
Le Ministère du Commerce et de l'Industrie veille aux in-
·êts du commerce et de l'industrie ; il prend des mesures
ur en favoriser le développement et les rendre prospères.
Organisation : Chambres de commerce, écoles profession-
lles, écoles commerciales ou d'apprentissages, chambres
s arts et manufactures, expositions.
Agents : Inspecteurs du travail.
Le Ministère de l'Instruction publique règle les questions
ii se rattachent à l'enseignement de la nation.
Agents : Directeurs généraux, recteurs, inspecteurs.

58. Les Ministères (fin).

L'Administration des Cultes surveille tout ce qui se rap-
·rte à l'exercice des cultes. Elle ne forme pas un Ministère
ais une direction qui est actuellement rattachée au Minis-
re de l'Instruction publique.
L'Etat reconnaît quatre cultes qu'il subventionne : le culte
tholique, le culte protestant, le culte israélite, le culte
usulman.
L'Administration des Postes et Télégraphes établit et dirige
s communications postales, télégraphiques et télépho-
ques.
Elle est actuellement rattachée au Ministère du Commerce
de l'Industrie.
Agents : Directeur général, directeurs départementaux,
specteurs, ingénieurs, contrôleurs, receveurs des postes.
L'Administration des Beaux-Arts est chargée de conser-
r toutes les œuvres d'art que possèdent l'Etat ou les villes
d'en encourager la production.
Elle forme une direction rattachée au ministère de l'Ins-
uction publique.
Agents et institutions : Inspecteurs, musées, théâtres,
ole des Beaux-Arts, conservatoire de musique et de décla-
ation, salons.

Nul n'a le droit de punir, nul ne peut se faire justice lui-même. C'est l'Etat qui est chargé de faire respecter les droits de chacun.

59. Le Conseil d'Etat. — Matière contentieuse.

Le Conseil d'Etat est le corps administratif suprême.

Les membres de ce Conseil (Conseillers d'Etat) sont nommés par le Président de la République.

Ce Conseil assiste le gouvernement dans l'exercice de ses pouvoirs ; il prépare les décrets du Président de la République, il donne son avis sur certains projets de lois ; il juge les réclamations faites par les particuliers contre les ministres, les Conseils de préfecture, les préfets.

60. Le Pouvoir judiciaire. — Justice civile, criminelle et administration.

Le pouvoir judiciaire est le pouvoir de juger.

Ce pouvoir est exercé par les tribunaux.

Quand les tribunaux jugent les contestations entre les particuliers, ils exercent la justice civile.

Quand les tribunaux jugent les violations de la loi, ils exercent la justice correctionnelle ou criminelle.

Quand les tribunaux jugent les contestations entre les particuliers et l'administration, ils exercent la justice administrative,

Il y a en outre des affaires commerciales ou militaires qui sont jugées par des tribunaux spéciaux.

Devoirs des magistrats. — Les magistrats doivent être impartiaux ; ils doivent appliquer la loi à tous sans distinction. S'ils ne se laissent plus comme autrefois corrompre à prix d'argent, ils ont encore à se défendre contre les préférences personnelles, l'esprit de parti et le désir de plaire au gouvernement. Un magistrat qui rendrait un arrêt contraire à sa conscience serait aussi coupable que s'il avait vendu la justice. Par profession, il est tenu de donner aux autres l'exemple du plus grand respect envers la loi. Que sa conduite rappelle toujours cette belle parole : la magistrature rend des arrêts et non pas des services.

La justice. — Le mot tribunal désigne à la fois le lieu où l'on rend la justice et les personnes qui sont chargées de ce soin. Deux catégories de personnes comparaissent devant les tribunaux : les parties, c'est-à-dire les personnes dont les intérêts sont soumis à l'examen des juges et les témoins qui peuvent éclairer ces derniers. En justice civile, les parties s'appellent les plaideurs, « parce qu'ils plaident soit pour s'emparer de ce qu'ils croient leur être dû, soit pour ne pas rendre ce qu'on leur réclame, soit enfin pour obtenir un changement de situation civile ». Ils doivent se faire assister par un avoué, et, s'ils le veulent, d'un avocat. La justice criminelle juge les prévenus ou accusés qui doivent toujours être assistés d'un avocat.

l'État a le droit de punir parce que les individus qui composent la
riété ont le droit de défendre leurs droits menacés et le devoir de se
otéger mutuellement contre les attaques des malfaiteurs.

59. Le Conseil d'État. — Matière contentieuse.

Le Conseil d'État est le corps administratif suprême.
Les membres de ce Conseil sont nommés par le Président
la République.
Il est le principal conseiller du gouvernement; il pré-
re les décrets du Président de la République; il délibère
r les règlements d'administration publique; il interprète
s lois et en fixe l'application. En matière contentieuse il
ge les recours formés contre les décisions des ministres,
s conseils de préfecture, des préfets, et les recours for-
és pour abus de pouvoir, incompétence ou vice de forme
ntre les décisions de toutes les autorités administratives.
Les sentences qu'il prononce sont décisives et ont force
 loi.
Par matière contentieuse il faut entendre les affaires qui
nnent lieu à une contestation.
Quand l'administration viole les lois et règlements ou ne
nt pas ses engagements, les personnes qui ont à s'en
aindre réclament : on dit alors qu'elles forment recours
ntre l'administration.
Il y a abus de pouvoir quand un fonctionnaire outrepasse
s droits en matière d'administration.
Un fonctionnaire, un tribunal, un conseil sont incompé-
nts quand ils n'ont pas les pouvoirs nécessaires pour
ire un acte ou juger une affaire.
Il y a vice de forme quand un acte n'est pas passé ou
bellé, quand un jugement n'est pas rendu dans les
rmes prescrites par la loi.

60. Le pouvoir judiciaire. — Justice civile, criminelle, et administrative.

Le pouvoir judiciaire est le pouvoir de juger. Il est exercé
r les tribunaux.
Quand les tribunaux jugent les contestations entre les
rticuliers, ils exercent la justice civile.
Quand les tribunaux jugent les violations de la loi, ils
ercent la justice correctionnelle ou criminelle.
Quand la justice se prononce sur les contestations entre
s particuliers et l'administration, elle s'appelle justice
lministrative.
Il y a donc trois catégories de tribunaux: les tribunaux
vils, les tribunaux criminels, les tribunaux administratifs
onseil de préfecture et Conseil d'État).
Les affaires qui ont un caractère commercial ou mili-
aire sont jugées par les tribunaux de commerce, les
onseils de prud'hommes, les Conseils de guerre, les tri-
uuaux maritimes.

Le pouvoir de punir est un pouvoir redoutable, mais il ne faut pas craindre de l'appliquer quand cela est nécessaire.

61. Les Tribunaux civils.

Les tribunaux civils sont : la Justice de Paix, le Tribunal de première instance, la Cour d'Appel.

La Justice de paix siège au chef-lieu de canton. Elle juge les affaires d'une valeur de 1 à 1 500 fr. et essaye de concilier les plaideurs.

Le Tribunal de première instance est situé au chef-lieu d'arrondissement. Il juge les affaires d'une valeur supérieure à 1 500 fr.

La Cour d'appel juge les appels des jugements qui ont été rendus par les tribunaux de première instance et par les tribunaux de commerce.

Il y a 26 Cours d'appel en France. Dans notre département la Cour d'appel siège à

62. Les Tribunaux criminels ou correctionnels.

Les Tribunaux criminels sont : le Tribunal de simple police, le Tribunal correctionnel, la Cour d'assises.

Le Tribunal de simple police juge les contraventions.

Le Tribunal correctionnel juge les délits.

La Cour d'assises juge les crimes.

Au-dessus de ces tribunaux se trouve la Cour de Cassation.

C'est un tribunal qui révise les jugements rendus par les tribunaux civils et criminels, casse ceux qui ont été rendus contrairement à la loi,

---

La Justice (suite). — Un tribunal ordinaire comprend un ministère public et plusieurs juges. Le ministère public représente l'État et défend les droits de la vérité et de l'équité. Cet office est rempli par le procureur de la République qu'assistent des substituts. Le procureur général, qui est leur chef, dirige l'action publique par leur intermédiaire. Dans les affaires civiles, le ministère public conclut après avoir entendu les avocats des deux parties ; dans les affaires criminelles, il porte l'accusation contre l'individu poursuivi ; il prononce un réquisitoire dans lequel il réunit toutes les charges que l'instruction a relevées contre l'inculpé, et demande l'application de la loi. Aux juges et au président du tribunal revient le soin de décider pour ou contre tel ou tel plaideur, pour ou contre l'accusé. Le tribunal applique, aux cas particuliers qu'il juge, les peines que le code a nettement déterminées à l'avance, sans pouvoir en dépasser les limites.

La loi oblige plaideurs ou accusés à se faire assister d'un avoué ou d'un avocat ; elle leur assure ainsi des moyens de défense qu'ils ne pourraient trouver en eux-mêmes. Les avocats ont le droit de se servir, dans l'intérêt de leurs clients, de tous les arguments qu'ils jugent à propos ; le défenseur de l'accusé doit toujours être entendu lorsqu'il le demande et avoir le dernier mot dans les débats. La liberté de défense est une garantie sérieuse donnée aux individus ; après la publicité des débats et la faculté de faire appel, elle donne aux plaideurs ou aux accusés une assurance plus forte de l'équité des jugements.

Le juge qui condamne un coupable protège la société menacée par les entreprises des malfaiteurs : son œuvre n'est pas moins juste qu'utile.

61. Les Tribunaux civils.

Les tribunaux civils sont : la Justice de paix, le Tribunal de première instance, la Cour d'appel.

La Justice de paix est située au chef-lieu de canton. Elle juge les affaires d'une valeur de 1 à 1.500 francs et essaye de concilier les plaideurs.

Elle juge en dernier ressort toute contestation dont la valeur ne dépasse pas 100 francs.

Le Tribunal de première instance est situé au chef-lieu l'arrondissement. Il juge les affaires d'une valeur supérieure à 1.500 fr. Il juge aussi les affaires commerciales dans les villes où il n'existe pas de tribunal de commerce.

Il prononce en dernier ressort sur toutes les affaires d'une valeur inférieure à 1.500 francs ou d'un revenu ne dépassant pas 60 francs.

La Cour d'appel juge les appels des jugements rendus par les Tribunaux de première instance et de commerce

Il y a 26 Cours d'appel en France. Dans notre département la Cour d'appel siège à

Les magistrats de la Cour d'appel sont des conseillers.

62. Les Tribunaux criminels ou correctionnels.

Les tribunaux criminels sont : le Tribunal de simple police, le Tribunal correctionnel, la Cour d'assises.

Le Tribunal de simple police juge les contraventions.

Le commissaire de police y exerce les fonctions du Ministère public.

Le Tribunal correctionnel juge les délits.

Les fonctions du Ministère public y sont remplies par le procureur de la République ou son substitut.

La Cour d'appel est aussi un Tribunal correctionnel qui juge les appels portés contre les jugements du Tribunal précédent.

La Cour d'assises juge les crimes, et les délits commis par la voie de la presse.

Les fonctions du Ministère public sont remplies par le procureur général de la Cour d'appel, les avocats généraux, ou encore par le procureur de la République.

Au-dessus de ces tribunaux se trouve la Cour de cassation, tribunal suprême qui est chargé de maintenir les autres tribunaux dans l'observation stricte de la loi.

La Cour de cassation révise les jugements rendus par ces derniers. casse et annule ceux qui ont été rendus contrairement à la loi, ceux qui n'ont pas été rendus dans les formes prescrites, et renvoie les affaires devant d'autres Tribunaux,

Quand la société punit un coupable elle ne se venge pas; le juge, calme et sans colère, prononce la peine par un sentiment de justice et non de vengeance.

63. Les Tribunaux spéciaux.

Les tribunaux spéciaux sont : les tribunaux de commerce, les Conseils de prud'hommes, les Conseils de guerre, etc.

Les Tribunaux de commerce jugent les conflits qui s'élèvent entre les commerçants.

Les juges sont élus par les commerçants.

Les Conseils de prud'hommes jugent les contestations entre les patrons et les ouvriers.

Les juges sont des patrons élus par les patrons et des ouvriers élus par les ouvriers.

Les Conseils de guerre jugent les délits et les crimes commis par les militaires.

Les juges sont des militaires. Les peines qu'ils infligent sont très sévères.

Le Sénat s'érige en tribunal pour juger les attentats commis contre la sûreté de l'Etat.

6. Conciliation. — Appels.

Avant de juger les affaires qui sont portées devant la Justice de paix ou le Tribunal de 1re instance, le juge de paix tente de mettre les plaideurs d'accord : c'est la conciliation.

Les jugements rendus par les tribunaux peuvent ne pas satisfaire les plaideurs ; ceux-ci ont le droit de ne pas les accepter et de demander à d'autres tribunaux de les réviser et de les réformer : cela s'appelle faire appel.

Les appels se font :

1° Au tribunal de 1re instance pour les jugements rendus par la Justice de paix.

2° A la Cour d'appel pour les jugements rendus par les Tribunaux de 1re instance.

3° A la Cour de cassation pour les jugements rendus par la Cour d'appel.

La Justice (fin). — Le législateur voulant sauvegarder le mieux possible les droits de chacun a pris toutes les dispositions nécessaires pour assurer à tous justice pleine et entière. Il a cherché surtout à prévenir les erreurs judiciaires qui peuvent avoir les plus graves conséquences ; dans cette intention, il a frappé tout faux témoignage des peines les plus sévères. D'autre part, la loi accorde des réparations aux victimes d'erreurs judiciaires.

La justice en France est considérée comme gratuite, l'arrêt du juge ne coûtant rien ; mais les frais accessoires que toute affaire entraîne, droits de greffe et d'enregistrement, papier timbré, honoraires des huissiers, des avoués, des avocats, sans lesquels on ne peut plaider, la rendent toujours fort onéreuse. Les personnes indigentes ont la justice absolument gratuite : par l'assistance judiciaire.

Une erreur judiciaire peut avoir les conséquences les plus graves, pour la liberté, l'honneur, la vie même des individus.

65. Les tribunaux spéciaux.

Les tribunaux spéciaux sont : les Tribunaux de commerce, les Conseils de prud'hommes, les Conseils de guerre, et les Tribunaux universitaires.

Les Tribunaux de commerce jugent les conflits qui s'élèvent entre les commerçants et les affaires relatives aux faillites.

Les juges sont élus par les commerçants de l'arrondissement. Ils jugent en dernier ressort les affaires dont la valeur ne surpasse pas 1 500 francs.

Les Conseils de prud'hommes jugent les contestations qui naissent entre les patrons et les ouvriers.

Les juges sont des patrons élus par les patrons et des ouvriers élus par les ouvriers. Ils jugent en dernier ressort les affaires dont la valeur n'excède pas 200 fr

Les conseils de guerre jugent les délits et les crimes commis par les militaires.

Les juges sont des militaires. Ils appliquent les peines édictées par le Code militaire qui est excessivement sévère.

Le Sénat s'érige en tribunal ou haute cour pour juger les attentats commis contre la sûreté de l'Etat

Les tribunaux universitaires sont : le Conseil supérieur de l'instruction publique, le Conseil académique, le Conseil départemental.

64. Conciliations. — Appels.

Avant de juger les affaires qui sont portées devant la Justice de Paix ou le Tribunal de première instance, le juge de paix tente de mettre les plaideurs d'accord; de les concilier : c'est la conciliation.

Les jugements rendus par les tribunaux peuvent ne pas satisfaire les plaideurs : ceux-ci ont le droit de demander à d'autres tribunaux de les réviser cela s'appelle faire appel.

Les appels se font :

1º Au Tribunal de première instance pour les jugements rendus par la Justice de Paix.

2º A la Cour d'appel pour les jugements rendus par les tribunaux de première instance et de commerce.

3º Au Tribunal correctionnel pour les jugements rendus par la Justice de paix.

4º A la Cour d'appel pour les jugements rendus par le tribunal correctionnel.

5º A la Cour de Cassation pour les jugements rendus au civil ou au criminel par la Cour d'appel.

6º Au Conseil d'Etat pour les affaires contentieuses.

On ne peut pas appeler des arrêts de la Cour d'assises.

Aujourd'hui le législateur a effacé du code toutes les tortures cruelles, les supplices révoltants et inhumains qu'on infligeait autrefois aux condamnés et aux accusés.

65. La Magistrature. — Le Ministère public. — Le Jury.

Un magistrat est un officier civil exerçant un pouvoir judiciaire.

Les juges forment la magistrature assise, parce qu'ils prononcent leur jugement en siégeant (assis). Les procureurs et les subtituts forment la magistrature debout, parce qu'ils sont debout lorsqu'ils réclament l'application de la loi. Ces derniers forment aussi le Parquet ou Ministère public.

Le Ministère public fait juger l'accusé et plaide contre lui. Les juges acquittent ou condamnent.

Le jury est une assemblée de 12 citoyens (jurés) qui siégent à la Cour d'Assises. Il déclare l'accusé coupable ou innocent. Les magistrats appliquent la peine à l'accusé reconnu coupable.

66. Les infractions à la loi. — Les peines.

Les infractions à la loi s'appellent contravention, délit ou crime.

La contravention est une infraction légère comme le tapage nocturne. Elle est jugée par le tribunal de simple police qui punit les contrevenants de 1 à 16 francs d'amende et de 1 à 5 jours de prison.

Le délit est une infraction plus grave que la contravention, comme le vol, la fraude. Il est jugé par le tribunal correctionnel qui inflige des amendes supérieures à 15 fr. et de la prison depuis 6 jours jusqu'à 5 ans et l'interdiction des droits civils et politiques.

Le crime est une violation très grave de la loi, comme l'assassinat, l'incendie volontaire, la banqueroute. Il est jugé par la Cour d'assises.

La Cour d'assises punit de la détention, des travaux forcés ou de la peine de mort.

Loi Bérenger. — En cas de condamnation à l'emprisonnement ou à l'amende, si l'inculpé n'a pas subi de condamnation antérieure à la prison pour crime et délit de droit commun, les cours ou tribunaux peuvent ordonner, par le même jugement et par décision motivée qu'il sera sursis à l'exécution de la peine.

Si, pendant le délai de cinq ans, à dater du jugement ou de l'arrêt le condamné n'a encouru aucune poursuite suivie de condamnation à l'emprisonnement ou à une peine plus grave pour crime ou délit de droit commun, la condamnation sera comme non avenue.

Dans le cas contraire, la première peine sera d'abord exécutée sans qu'elle puisse se confondre avec la seconde. (Art. 1er de la loi du 23 mars 1891, dite loi Bérenger, sur l'atténuation des peines.)

Les juges sont inamovibles ; ainsi ils peuvent rendre la Justice avec impartialité.

65. La Magistrature. — Le Ministère public. — Le Jury.

Un magistrat est un officier civil qui exerce un pouvoir judiciaire. L'ensemble des magistrats forme la magistrature.

Les juges ou les conseillers des tribunaux écoutant les plaidoyers et rendant leur jugement en siégeant (assis) forment la magistrature assise. D'autre part les procureurs généraux, les avocats généraux, les procureurs de la République, les substituts prononçant leurs réquisitoires debout forment la magistrature debout. Ces derniers forment le Parquet ou le Ministère public. Le Ministère public fait juger l'accusé et requiert l'application de la loi.

Les juges acquittent ou condamnent.

Le juge d'instruction constate les faits criminels et envoie les accusés coupables devant la Chambre des mises en accusation. Celle-ci envoie l'accusé en Cour d'assises ou le met en liberté par une ordonnance de non-lieu.

Le jury est une assemblée de douze citoyens (jurés) qui siègent à la Cour d'assises à côté des magistrats. Le jury déclare l'accusé coupable ou innocent. Les magistrats appliquent la peine à l'accusé reconnu coupable.

La Cour d'assise a généralement une session par trimestre.

66. Les Infractions à la loi. — Les Peines.

Les infractions à la loi s'appellent contravention, délit, ou crime.

La contravention est une infraction légère à la loi, à un règlement de police, comme le tapage nocturne, l'abandon d'un cheval sur la voie publique, etc. Elle est jugée par le Tribunal de simple police qui inflige les peines suivantes : l'emprisonnement de 1 à 5 jours, l'amende de 1 à 15 francs et la confiscation.

Le délit est une violation de la loi plus grave que la contravention, comme le vol, la fraude. Il relève du Tribunal correctionnel qui inflige aux délinquants des peines correctionnelles : l'emprisonnement de 6 jours à 3 ans, l'amende supérieure à 15 fr., l'interdiction des droits civils et politiques, la surveillance de la haute police et la confiscation.

Le crime est la plus grave des infractions. Ex : l'assassinat, l'incendie volontaire, la trahison, la banqueroute. La Cour d'assises prononce : 1° Des peines afflictives et infamantes : peine de mort, travaux forcés, réclusion, déportation dans une enceinte fortifiée ou déportation simple, détention. 2° Des peines infamantes seulement : le bannissement et la dégradation civique.

Les délits en matière électorale sont punis de peines très sévères : l'emprisonnement de 15 jours à 5 ans, l'amende de 16 francs à 10.000 francs, la réclusion et les travaux forcés à temps.

SUJETS DE RÉDACTION.

Tous ces sujets ont été donnés dans les examens du certificat d'études primaires.

MORALE.

1. — Enumérez, définissez et justifiez vos devoirs envers vos parents. — Que faites-vous pour vous en acquitter pendant qu'ils sont jeunes et vaillants? — Que ferez-vous quand ils seront vieux et infirmes?

2. — Définissez la reconnaissance. — Enumérez les personnes pour lesquelles vous éprouvez un sentiment de reconnaissance. — Dites les raisons qui vous inspirent ce sentiment.

3. — Expliquez pourquoi les petits enfants doivent aimer leurs grands-parents, et faites connaître les devoirs qu'ils ont à remplir envers eux.

4. — Rappelez les devoirs d'un enfant envers ses parents. Faites le portrait d'un bon fils, d'un mauvais fils.

5. — Votre maître vous a fait en classe une leçon sur la politesse. Vous racontez à l'un de vos camarades comment vous allez mettre en pratique les conseils de votre instituteur.

6. — Devoirs réciproques des frères et des sœurs. Vous êtes l'aîné, dites ce que vous devez être à l'égard de vos frères et de vos sœurs.

7. — Vous apprenez que votre cousin cherche constamment querelle à ses frères et sœurs. Vous lui écrivez pour lui dire ce qu'il y a de méchant dans sa conduite et lui rappeler les devoirs d'un bon frère.

8. — Montrez, en citant un exemple (l'aîné des enfants) que vous comprenez ce que c'est que sacrifier son plaisir à son devoir.

9. — Un de vos camarades a insulté un vieillard dans la rue. Dites pourquoi cette action est mauvaise. Imaginez un exemple.

10. — Comment doit-on se conduire envers les vieillards dans la rue, en société, dans la famille? Que faut-il penser des enfants qui leur manquent de respect?

11. — Comment à votre avis les plus jeunes enfants doivent-ils parler à leurs aînés et les écouter?
Pourquoi? Comment seront, à leur tour, les aînés pour leurs frères et sœurs?

12. — Un proverbe dit : « L'homme est né pour travailler comme l'oiseau pour voler. » Expliquez ce proverbe, puis montrez que le travail est utile, bienfaisant, honorable.

13. — Expliquez ce que c'est qu'une loi. Montrez que la règle est nécessaire à l'école et la loi dans l'Etat.

14. — Vous avez appris que vous devez à votre instituteur respect et obéissance. Comment pouvez-vous lui témoigner ces sentiments pendant la classe, hors de la classe, et quand vous avez quitté l'école?

15. — Rien ne sert de courir, il faut partir à point. Expliquez cette pensée. Appliquez-la à la vie d'un écolier.

16. — Devoirs de l'écolier : assiduité et observation : ses devoirs envers l'instituteur : respect, obéissance, reconnaissance. Relations avec l'instituteur après qu'on a quitté l'école.

17. — Donnez quelques conseils à un petit camarade qui n'aime pas aller à l'école, qui s'amuse en route et arrive souvent en retard.

18. — Le travail à l'école : montrez-en l'utilité et la nécessité. Montrez aussi que pour qu'il soit fructueux il faut y joindre l'attention et la persévérance.

19. — Qu'est-ce que la patrie? Que lui devons-nous? Quels sont nos devoirs envers la patrie?

20. — Comment les femmes peuvent-elles servir la patrie? Rappelez comment de grandes patriotes se sont rendues célèbres par leur dévoûment à la France.

21. — Qu'est-ce que la patrie, un patriote, un traître? Citez des patriotes et des traîtres français. Quels sentiments éprouvez-vous pour les uns et les autres?

22. — Devoirs de l'enfant envers lui-même : corps et intelligence. Utilité de bien remplir ses devoirs. Avantages qui en résultent. Exemples.

23. — La propreté dans la maison.

24. — Définissez la propreté. Qu'en pensez-vous? La propreté peut-elle contribuer à la santé? Pourquoi? Portrait d'un enfant malpropre.

25. — Que faut-il faire pour être propre? Des inconvénients du manque de propreté : dignité, santé, considération d'autrui, travail, perte de temps, etc.

26. — Qu'est-ce que la sobriété? Est-elle un devoir? Montrer ses heureux effets, et, par contre, les fâcheuses conséquences qu'entraîne le défaut de sobriété.

27. — Dites ce que c'est que la tempérance et que l'intempérance.

28. — Enumérez les effets funestes de l'ivrognerie : perte de la santé, de l'intelligence, misère de l'ivrogne, de sa famille, mort prématurée.

29. — Quelle différence y a-t-il entre l'économie et l'avarice? Montrez que l'économie est un devoir et l'avarice un vice.

30. — Définissez l'avarice, la prodigalité et l'économie. Comparez l'avare au prodigue et à l'économe. Montrez la condition de ces trois personnes.

31. — Qu'est-ce que l'économie? Pourquoi faut-il être économe? Comment les enfants peuvent-ils être économes? Qu'est-ce que la Caisse d'épargne et un livret de Caisse d'épargne?

32. — Montrez que le travail est rendu fructueux par la prévoyance et l'économie. Montrez-le en opposant un ouvrier prévoyant à un imprévoyant.

33. — Faites le portrait du menteur et dites comment il se comporte à l'égard de ses camarades, de ses maîtres, de ses parents. Pourquoi le mensonge est-il haïssable? Quel est le contraire du mensonge?

34. — Montrez les bienfaits de l'instruction, et faites voir que l'Etat a eu raison de la rendre obligatoire.

35. — Dites ce que l'on entend par l'instruction primaire obligatoire, et montrez les inconvénients de l'ignorance pour l'individu en particulier et pour le pays en général.

36. — Faites la comparaison entre l'homme modeste et l'homme vaniteux. Quelle sera votre conduite si vous voulez être modeste?

37. — La véracité et la vérité. Quel est notre devoir envers ceux à qui nous parlons? A quoi s'expose l'enfant menteur? Avantages de la franchise.

38. — Parmi les fables de La Fontaine que vous avez apprises, ne vous souvient-il pas d'une ou de quelques-unes où le fabuliste met en scène un personnage (animal ou arbre) orgueilleux ou vaniteux, ou fourbe ou sot, ou méchant...? Racontez-nous une de ces fables. Montrez-nous le défaut du principal personnage et dites quelle est la morale qu'il faut en tirer.

39. — Un de vos camarades vous a écrit pour vous demander quelques conseils de conduite. Vous lui répondez qu'il ne peut trouver de plus bel exemple à imiter que celui qui nous a été donné par Franklin.

40. — Qu'est-ce que le courage militaire? le courage civil? Différence. Lequel est le plus facile? Pourquoi? Citez des exemples de l'un et de l'autre puisés dans l'histoire de France.

41. — Qu'est-ce que le courage? Citez des traits de courage puisés dans la vie ordinaire. Un enfant de votre âge peut-il montrer du courage? Dans quelles circonstances?

42. — Les oiseaux, leur utilité, leur agrément. Doit-on les détruire? Quelle doit être votre conduite envers les oiseaux?

43. — Qu'est-ce que la patience? Ce qu'elle produit? La patience dans le travail; l'homme patient, l'impatient. A quoi elle mène.

44. Les oiseaux utiles et les oiseaux d'agrément que vous connaissez. Pourquoi faut-il se garder de détruire les oiseaux?

45. — Ne dénichez pas les oiseaux. Un enfant de votre âge vient tout joyeux vous annoncer qu'il a découvert un nid de pinson. Il se propose d'aller prendre la couvée lorsque les œufs seront couvés. Vous l'amenez à changer de résolution et vous lui dites pourquoi au lieu de prendre ces oiseaux, il doit les protéger. Rapportez votre entretien.

46. — Exposez les motifs pour lesquels nous ne devons pas maltraiter les animaux.

47. — Qu'appelle-t-on animaux domestiques? Quels services nous rendent-ils? Quels sont nos devoirs à leur égard?

48. — Deux enfants se rendent à l'école; l'un d'eux trouve un porte monnaie contenant une somme assez forte. L'autre lui propose de partager cet argent. Le premier refuse, ne voulant pas commettre une mauvaise action. Vous mettrez en scène les deux personnages et vous les ferez parler.

49. — Montrez ce que deviendrait la société humaine si les hommes ne mettaient pas en pratique cette maxime : Ne fais pas à autrui ce que tu ne voudrais pas qu'on te fît.

50. — Comment pouvons-nous nuire à notre prochain? Qu'est-ce que la calomnie, la médisance? La morale et la loi nous permettent-elles de calomnier et de médire? Quelle est leur sanction quand nous avons calomnié ou médit?

51. — Sommes-nous obligés de faire la charité? Comment un enfant peut-il être charitable?

52. — Développez la double maxime suivante et donnez des exemples : Ne fais pas à autrui ce que tu ne voudrais pas qu'on te fît. Fais aux autres ce que tu voudrais qu'on te fît.

53. — Vous êtes élève, vous ne disposez que de peu d'argent; pouvez-vous néanmoins être charitable? Indiquez dans l'affirmative comment vous pouvez faire du bien autour de vous.

54. — En quoi consiste la charité? Dites la différence qu'il y a entre la charité et la justice. Montrez par quelques exemples qu'on peut exercer la charité sans être riche. Citez deux préceptes connus qui nous tracent notre conduite à l'égard d'autrui : 1° pour être justes ; 2° pour être charitables.

55. — Pourquoi est-il juste et raisonnable de s'aider les uns les autres? Qu'arriverait-il si chacun ne songeait qu'à soi? Citez pour exemple un incendie, une épidémie, une maladie. Connaissez-vous une fable qui nous montre que nous devons nous entr'aider?

INSTRUCTION CIVIQUE.

—

56. — Expliquez par qui et comment sont faites les lois en France. Dites pourquoi on doit les respecter et s'y soumettre.

57. — Pourquoi les enfants doivent-ils obéir à leurs parents et les citoyens aux lois ?

58. — Combien y a-t-il de formes principales de gouvernement? Différences qui existent entre la République et la Monarchie. Quel est à votre avis le meilleur gouvernement? Pourquoi?

59. — Qu'est-ce qu'une loi? Montrez que les lois sont nécessaires dans une société et que tout citoyen doit respecter les lois de son pays.

60. — Qu'est-ce qu'un citoyen? Quels sont les droits et les devoirs d'un citoyen français? Que ferez-vous pour vous acquitter au mieux de vos devoirs de citoyen?

61. — Un enfant explique à un de ses amis ce que c'est que le service militaire, comment il est organisé en France, et les qualités nécessaires au bon soldat.

62. — Dites pourquoi il faut des soldats. Quelle doit être la conduite d'un bon soldat? Prenez dans l'histoire nationale des exemples de bons soldats.

63. — Qu'est-ce que les impôts? Diverses sortes d'impôts. Comment sont-ils perçus? A quoi ils servent. Faire voir qu'on ne peut pas supprimer les impôts. Conséquences de cette suppression.

64. — Qu'appelle-t-on impôts directs? Enumérez les impôts directs, Comment sont-ils établis et recouvrés?

65. — Nécessité de l'impôt. Devoir de le payer sans récriminer. Montrez par quel chemin un sou donné par votre père pour ses contributions arrive au Trésor.

66. — Un de vos voisins s'est plaint d'être obligé de payer l'impôt ; écrivez-lui pour lui faire comprendre qu'il a tort de se plaindre.

67. — Montrez que les impôts sont nécessaires à l'Etat, aux départements, aux communes. Pourquoi devons-nous payer les impôts sans murmurer? Montrez que la fraude est une action coupable.

68. — Montrez les obligations que nous avons envers l'Etat et la nécessité pour nous de payer l'impôt. Rappelez la fable : Les membres et l'estomac.

69. — Par qui et comment une commune est-elle administrée? Donnez les détails que vous connaissez relativement à l'administration communale.

70. — Des élections municipales. Quand ont-elles lieu? Liste des électeurs. Carte d'électeur. Conditions à remplir pour être électeur. Billet de vote. Où le place-t-on? Dépouillement. Proclamation des résultats du scrutin. Ballottage. Election du maire et des adjoints.

71. — Les élections municipales viennent d'avoir lieu. Dans une lettre à un ami, vous lui dites quel est le but de ces élections. Vous faites connaître aussi par qui et comment est nommé le maire de chaque commune, et vous indiquez quel est son rôle comme agent du gouvernement et comme représentant de la commune.

72. — Quelles sont les divisions d'un département et quels sont les différents conseils qui l'administrent?

73. — Expliquez comment et par qui est administré le département.

74. — Qu'appelle-t-on pouvoirs publics? Combien y en a-t-il? Par qui sont-ils exercés? Quelle est la source de la puissance publique?

75. — Qu'est-ce que le vote? Quels sont les droits d'un électeur? Comment se pratique le vote?

76. — Le Président de la République doit venir visiter votre département. Expliquez à votre petit frère ce qu'il est, par qui il a été nommé, pour combien de temps, quel est son pouvoir. Vous lui direz pourquoi on prépare des fêtes en son honneur.

77. — Dites ce que vous savez de la justice pénale : ce que c'est ; contravention, délit, crime. Différentes sortes de tribunaux.

78. — Qu'est-ce que la fête annuelle du 14 juillet? Que nous rappelle-t-elle? Racontez la prise de la Bastille. Pourquoi l'anniversaire de cet événement est-il devenu fête nationale?

TABLE DES MATIÈRES

MORALE.

PREMIER TRIMESTRE

Le devoir.

Pages

Le devoir. — Le bien et le mal. — La conscience. — Le remords. 4

La famille.

La famille. — Le droit d'aînesse 5

Les devoirs des enfants envers leurs parents.

Respect. — Obéissance. — Reconnaissance. — Ingratitude. —
Amour filial 5 et 6

Les devoirs des frères et des sœurs.

Notre besoin d'affection. — Amour fraternel. — Obligeance. —
Indulgence. — Protection des aînés. — Jalousie. — Impolitesse.
— Querelles 7 et 8
Les serviteurs et les vieillards 8

Les devoirs des écoliers

La loi du travail. — Le travail à l'école. — L'instruction obligatoire. — Les devoirs des écoliers envers leurs maîtres : Respect. — Obéissance. — Reconnaissance. — Affection. — Les
devoirs des écoliers envers leur camarades : Politesse. — Obligeance. — Franchise. — Affection. — Indulgence. — Jalousie.
— Délation. — Querelles 9 à 11
La politesse. — La familiarité. — Des amis 11 et 12

DEUXIÈME TRIMESTRE

La Patrie.

La Patrie. — Ses bienfaits. — Le patriotisme. — Les patriotes.
— Le chauvinisme. — Le traître. — La France est grande et
glorieuse. — Les malheurs de notre Patrie 13 à 15

Les devoirs de l'homme envers son corps.

Le corps et l'âme. — La propreté. — La malpropreté. — La
gymnastique. — La tempérance et l'intempérance. — L'alcool
et le tabac 15 à 18

Les biens extérieurs ou la richesse.

Besoins de l'homme. — Mauvais usage de la richesse. — L'avarice. — La prodigalité. — La passion du jeu. — Bon usage de
la richesse. — L'économie. — L'épargne. — Les dettes 18 à 21
Travail. — Sa nécessité. — La prévoyance. — Le travailleur.
— Le paresseux. — Hommes utiles 21 et 22

TROISIÈME TRIMESTRE

Pages.

Les devoirs de l'homme envers son âme.

La vérité. — La sincérité. — Le mensonge. — La curiosité. — La discrétion. — Le bavardage. — Le serment. — Le parjure. — L'instruction. — L'orgueil. — La vanité. — La modestie. — L'hypocrisie. — La flatterie . . . . 23 à 26
Le courage. — La patience. — La résignation. — La persévérance. — La colère. — La bonté. — La méchanceté . . . 26 à 29
Protection des animaux utiles et des oiseaux. 29

Les devoirs de l'homme envers son prochain.

La justice. — Respect de la vie et de la liberté de notre prochain. — La guerre. — Le servage. — L'esclavage. — Respect de ses idées et de ses croyances. — La tolérance. — L'intolérance. — Respect de son honneur. — La médisance. — La calomnie. — Respect de ses biens. Le vol. . . . . 30 à 32
La Charité. — Comment on fait la charité. — La bienveillance. — La bienfaisance. — La générosité. — Le dévouement. — L'égoïsme . . . . 32 à 34
Dieu 34

INSTRUCTION CIVIQUE

PREMIER TRIMESTRE

L'État.

L'État. — Les lois. — Les formes du gouvernement. — La nationalité française. . . . . 36 à 38

Les Droits garantis aux citoyens français.

Droits civils et politiques. — Égalité civile et politique. — Liberté individuelle. — Liberté de conscience. — Liberté de la presse. — Liberté du travail et du commerce. — Droit de propriété. — Droit d'être électeur, élu, etc. — Souveraineté nationale. — Liberté, égalité, fraternité. 38 à 41

Les Devoirs des citoyens français.

Obéissance aux lois. — Obligation scolaire. — Le travail à l'école. — L'enseignement secondaire et supérieur. — Les fonctionnaires de l'enseignement primaire . . . . 42 à 44

DEUXIÈME TRIMESTRE

Les Devoirs des citoyens français (suite).

Le service militaire égal pour tous les Français. — Recrutement de l'armée. — La discipline. — Durée du service militaire. — Organisation de l'armée. — Les armes. — Les grades. — Les récompenses. — Le drapeau . . . . 45 à 48

mpôt. — Sa nécessité. — Les dépenses publiques. — Le budget.
— Les contributions directes. — Les contributions indirectes.
— Le recouvrement des impôts. — Les réclamations en ma-
tière d'impôts . . . . 49 à 52

La France administrative.

dministration. — Les circonscriptions administratives. — La
ommune. — Le maire. — Le conseil municipal . . . . 52 à 54

TROISIÈME TRIMESTRE

La France administrative (suite).

canton. — L'arrondissement. — Le sous-préfet. — Le Conseil
l'arrondissement. — Le département. — Le préfet. — Le Conseil
énéral. — La Commission départementale. — Le Conseil
e préfecture. . . . . 55 à 58

Organisation de la Puissance publique en France

orité. — Puissance publique. — Le Pouvoir législatif. — La
hambre des députés. — Le Sénat. — Electeurs et éligibles. —
onfection de la loi. — Le Parlement . . . . 59 à 62
Pouvoir exécutif. — Le Président de la République. — Les
inistres. — Les Ministères. — Le Conseil d'Etat . . . . . 62 à 66
Pouvoir judiciaire. — Différentes sortes de justice. — Les Tri-
unaux civils. — Les Tribunaux correctionnels. — Les Tribu-
aux spéciaux. — Conciliation et appels . — La Magistrature. —
e Ministère public. — Le Jury. — Les infractions à la loi. — Les
eines. . . . . 66 à 69
ts de rédaction. 70 à 74

NOTE

Les maîtres qui le jugeront utile feront coudre par leurs élèves quelques feuilles de papier blanc à la fin du volume. Ce sera le carnet de notes sur lequel les enfants inscriront leurs réflexions, les résolutions qu'ils ont prises, les actes qu'ils ont commis ou vu commettre à l'école, hors de l'école, à la maison, les exemples nouveaux qu'ils ont trouvés dans leurs lectures ou leçons, ceux que leur maître leur a cités, les belles maximes, les paroles dignes de mémoire des hommes célèbres, etc.

Voici quelques titres à écrire en tête de ces pages blanches :

1º Actions que j'ai commises, les bonnes à continuer, les mauvaises à éviter.

2º Actions que j'ai vu commettre par mes camarades, par les personnes étrangères à l'école, les bonnes à louer, les mauvaises à blâmer et à éviter.

3º Actions louables ou blâmables que j'ai relevées dans mes lectures, mes leçons d'histoire, dans les entretiens du maître.

4º Belles pensées, proverbes.

5º Réflexions que m'ont suggérées les lectures, les leçons les actes de mes camarades.

6º Mon examen de conscience : qualités à développer ou à acquérir, défauts à corriger.

7º Résolutions.

A B
Contraste Insuffisant
NF Z 43-120-14